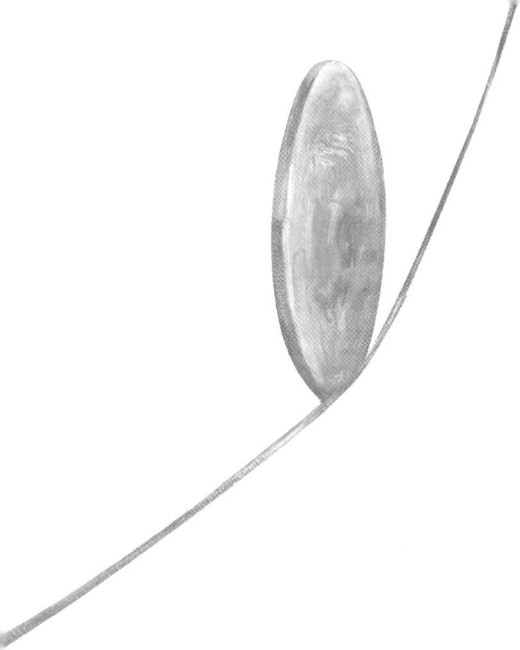

证券市场犯罪

常见十三种案例通解

宋有国◎编

上海人民出版社

序言

从事法律工作的这几年，我经常看到一些上市公司发布公告称，公司的董事、监事、高级管理人员涉嫌犯罪被追究刑事责任。其中比较常见的刑事犯罪是发生在公司并购和证券交易等方面，所涉罪名有比如违规披露、不披露重要信息罪，操纵证券、期货市场罪，内幕交易、泄露内幕信息罪，背信损害上市公司利益罪等。这些都是刑法修正案规定的罪名，犯罪主体一般都具有上市公司的董事、监事、高级管理人员身份。这是由于很多涉案上市公司的董事、监事、高级管理人员在经营管理过程中仍然保留着上市前的做法，违规操作、随意决定，将商业风险转化成了刑事风险。

2022年9月9日，最高人民法院、最高人民检察院、公安部、证监会四部门举行新闻发布会，联合发布了《关于印发依法从严打击证券犯罪典型案例的通知》。证监会稽查局副局长表示，并购重组领域仍为内幕交易违法“重灾区”，实控人、董事、监事、高级管理人员等“上市公司内部人”内幕交易多发，标的公司、对手方高管涉案亦呈高发态势，内幕信息管控存在缺陷。从公布的典型案件看，证券市场犯罪专业化、链条化、圈子化的团伙作案特征越来越明显，犯罪行为损害后果也更加严重，特别是严重损害了证券市场广大投资者的利益，破坏了证券市场公平的环境。这也就意味着，证券类犯罪将是司法机关的重点打击对象。

本书是对证券类犯罪有关法律法规和案例的整理归纳，通过解析相关案例解读其立案标准和司法解释。本书对所选案例的裁判内容进行了删减，节选了部分法院认定的事实和裁判理由，为了便于阅读，有些地方在保持裁判原有意思的基础上稍作改动。本书的编写意图是从实务需要出发，力求解决证券市场中一些法律问题，让每一位读者都能读懂和理解，同时整理的案例和法规也能为证券从业人员、上市公司高管和法律同行提供一些参考和帮助。

学习法律、运用法律要从现实问题出发。早在一百多年前，美国最高法院大法官霍姆斯在他的著作《普通法》中就说："法律的生命不是逻辑，而是经验。"经验就是在解决实际问题过程中不断积累的知识。本书每一章的"编者有话"都注重从问题出发，立足现实问题解析案例。当下社会发展很快，犯罪形态多变，只从法律规则入手，简单套用一两个法条已经解决不了问题，还是要通过案例学习和经验积累才能获得更多的知识，这时运用法律的逻辑解决问题的方法也就更多、能力也就更强。

证券类刑事犯罪问题的专业性非常强。在编写本书的过程中，我感到最困难的事情就是既要力求保持专业水平，同时又能做到通俗易懂。有时用非专业的表述方式来进行解读，往往会忽视准确性。对此非常感谢上海人民出版社的编辑给予的帮助。我的想法是，作为一名法律工作者，高专业化水平应该是我们孜孜不倦努力的方向，但因为我们从事的法律职业是为社会和客户服务的，所以要把专业知识转化为通俗内容，拆掉隔离自我的专业障碍，让更多的人能够理解和支持法律工作，这才是更有意义的事情。

本书也是我对自己这几年从事法律工作的总结。更有意思的是，2013 年我从国外学习回来后出版了我的第一本书《这样看美国》(上海人民出版社 2013 年版)。我的孩子当时还在读小学，我用这本书回答了孩子的问题："生活在美国怎么样？"过了八年，我非常高兴又能得到上海人民出版社的支持，出版一本专业又通俗的法律读物，我可以用这本书回答我的孩子："遇到困难怎么办？"

在编写本书的过程中，财务负责人邹璐，实习生周玲玲（上海对外经贸大学国际法学专业研究生）、薛小雨（哈尔滨商业大学民商法学专业研究生）都参与了编写工作，帮助收集了上市公司相关案例，编写了部分内容。本书中的案例和法规都可在"知法乎"平台进行查找，本书出版工作也得到了"知法乎"平台的支持。上海人民出版社对本书内容进行了认真编辑和校对，指正书中不少问题，在此一并感谢。

由于我的知识和专业水平有限，对于本书中的问题还请读者给予批评指正，让我们能够在后续的内容编辑中进行更正。

宋有国

2022年11月4日

目录

第一章

欺诈发行证券罪

编者有话

欺诈发行股票，高管团队变犯罪团伙

曾经有一家上市公司，2018年在公司上市前，董事长周某某授意管理层造假，因为公司通过正常经营很难迅速达到上市所要求的财务指标，所以他想通过数据造假快速实现上市目标。

经营数据造假不是一件容易的事情，因为其中涉及业务造假和财务造假，而且业务和财务要互相配合，做出的假账要能经得起内审外审多道审核检查，不能被查出问题。所以，这种造假只有通过自上而下有组织地进行才能做到。该案中，董事

长周某某自己直接出面组织，指挥各个部门相互配合，按照组织体系安排从上到下一起造假。周某某知道只要能够骗过审计核查，公司就能够上市，也就可以公开合法地从资本市场募资，融到巨额资金。如果不造假，靠公司经营赚到这些钱要十年甚至二十年。

编制财务数据需要有各种凭证和单据，董事长周某某就在各种场合要求公司所有部门配合提供。因怕下面员工听不懂暗示，他就要求财务总监花某某和销售经理郑某某相互配合造假。花某某是财务总监，负责编制虚假的财务数据。郑某某是销售经理，熟悉产品从销售到资金回收整个业务流程，他负责伪造业务合同。一个进行财务造假，一个进行业务造假。

周某某等人就按照这样的造假业务流程，伪造销售合同、私刻客户印章、伪造财务记账凭证、虚构公司业务。因为虚构的业务没有真实资金往来，但是财务做账又需要银行的对账单作为凭证，他们就直接伪造了银行对账单，还私刻银行的公章敲在对账单上。周某某等人按照财务报告编制要求，缺什么就伪造什么。在伪造业务合同和财务凭证过程中，还让财务人员一起参与帮助整理账目，他们将所有伪造的文件编号形成整整齐齐的“账套”，就这样公司通过做假账虚增了2006年到2008年三年间的经营业绩。

公司董事长周某某伙同财务总监和销售经理疯狂造假，2008年公司披露的营业收入作假金额比例高达87.06%。净利润作假比例高达106.77%，而公司实际经营是亏损的。公司净资产数据近 90% 也是虚增的。衡量公司的经营收入、净利润、净资产三个主要数据都是假的，只有一小部分的经营业绩是真实的，凭借这些造假的财务数据，公司在 2009 年向证监会提交《上市招股说明书》申请上市，骗取核准发行了 3700 万股，募集到了 3.9 亿余元资金，10 月 30 日在深圳证券交易所上市。

但是造假只能骗过一时，骗局终将暴露。因为公司经营实际业绩无法支撑虚假的财务数据，公司在上市仅两年后即业绩爆雷，2013 年公司经营发生大幅亏损，董事长周某某知道若再不扭亏为盈，刚上市的公司就要退市了。

于是董事长周某某又开始了策划，再次组织各部门负责人一起造假。这次造假和上市之前的有所不同，因为这次造假数据要按照上市公司信息披露规则控制好节奏，不能过大也不能过小，而且要分在季度报告和半年度报告里进行披露。周某某先确定好年度利润数据，然后分解为季度数据，他要求财务部门围绕预先确定的数据做假账，按照第一季度、半年度、第三季度的节奏对外进行披露。他组织数据作假，具体分工为由李某 1 负责编制财务假账，刘某负责伪造产品出入库单据，张某 2 负责伪造银行流水收付凭证、银行印章、业务合同等整套财务凭证和文件。

到 2015 年 4 月公布年报时，周某某操控上市工作公布了 2014 年度报告，对外披露了财务数据，净利润为 2402 万元，企业经营扭亏为盈。其实当年公司并没有赚钱，真实业绩还是亏损的，公司披露的信息隐瞒了真实情况。

周某某等人通过数据造假不仅骗取了上市，还继续造假欺骗市场投资人，造成了严重的后果。纸终究包不住火，这种造假方式是团伙作案，人员众多，而且都留有证据可查。所以这种案件虽然数额巨大，但是查起来非常清楚。案情败露后，董事长周某某无奈之下主动投案交代了所有犯罪行为和同伙，财务总监、业务负责人等其他案犯都相继被抓捕归案。根据刑法相关规定，该上市公司犯有欺诈发行股票罪，周某某作为该上市公司董事长属于直接负责的主管人员，构成欺诈发行股票罪和违规披露重要信息罪，数罪并罚，判处有期徒刑三年，缓刑五年，其他同伙都被判处有期徒刑。如今这家上市公司已经退市。高管团队没有了对法律的敬畏之心，肆意造假，那么离犯罪就是一步之遥。

常见问题

1. 欺诈发行证券案中，非公司高管人员是否会构成犯罪?

答：欺诈发行证券罪一般是团伙犯罪，即使行为人不是公司高管人员，如果明知公司在伪造各种文件，或者编制虚假财务数据，自己参与一起造假，在犯罪中起到了次要作用，也会构成欺诈发行证券罪，属于从犯。

2. 欺诈发行证券案中，如果公司债券属于私募债券，是否构成犯罪？

答：欺诈发行证券案中，私募债券是非公开发行的，发行对象和方式与公开发行债券有所不同，但是因为私募债券的发行和转让都要根据证监会的规定向交易所备案，符合条件后才可以发行和转让，所以，债券性质不影响欺诈发行证券犯罪的构成。

罪名解读

一、犯罪行为

欺诈发行证券罪，根据《刑法》第160条的规定是指，在招股说明书、认股书、公司、企业债券募集办法等发行文件中隐瞒重要事实或者编造重大虚假内容，发行股票或者公司、企业债券、存托凭证或者国务院依法认定的其他证券，数额巨大、后果严重或者有其他严重情节的行为。

本罪的主体可以是单位。

公开发行股票和债券是公司融资的重要方式。股票是指股份有限公司签发的证明股东所持有股份的凭证。公司资本划为股份，每一股金额相等，公司股份采取股票形式。股票发行价格可以按照票面金额，也可以超过票面金额，但是不得低于票面金额。根据《公司法》第128条，股票应当载明的主要事项有:（1）公司名称;（2）公司成立日期;（3）股票种类、票面金额及代表的股份数;（4）股票的编号。股票由法定代表人签名，公司盖章。根据《首次公开发行股票并上市管理办法》第26条的规定，发行人应当符合下列条件:（1）最近三个会计年度净利润均为正数且累计超过人民3000万元;（2）最近三个会计年度经营活动产生的现金流量净额累计超过人民币5000万元；或者最近三个会计年度营业收入累计超过人民币3亿元;（3）发行前股本总额不少于人民币3000万元;（4）最近一期末无形资产占净资产的比例不高于20%;（5）最近一期末不存在未弥补亏损。这五个条件中，有三个条件是经营指标，其中对经营规模和盈利能力都有要求。还有两个是对公司注册资本的要求，不能低于3000万元。

债券是指依照法定程序发行、约定在一定期限还本付息的有价证券。发行公司债券应当符合《证券法》第15条规定的条件：具备健全且运行良好的组织机构；最近三年平均可分配利润足以支付公司债券一年的利息。公开发行公司债券筹集的资金，必须按照公司债券募集办法所列资金用途使用；改变资金用途，必须经债券持有人会议作出决议。公开发行公司债券筹集的资金，不得用于弥补亏损和非生产性支出。

行为人隐瞒重要事实或者编造重大虚假内容，是指违反公司法、证券法及其他有关法律、法规的规定，制作的招股说明书、认股书，公司、企业债券募集办法等发行文件的内容全部是虚构的，或者对其中重要的事项和部分内容作虚假的陈述或记载，或者对某些重要事实进行夸大或隐瞒，或者故意遗漏有关重要事项等。这种隐瞒事实或者编造虚假内容，在程度上达到改变了真实状况，或者夸大了事实超出正常状况，足以构成让人误解的虚假状况。

招股说明书、认股书，公司、企业债券募集办法等发行文件，是指公司、企业设立和公司、企业向社会筹集资金的重要书面文件。其他在发行过程中与“招股说明书、认股书、公司、企业债券募集办法”具有相同重要性的文件也属于发行文件，比如公司监事会对募集说明书真实性、准确性、完整性的审核意见，募集资金使用的可行性报告，以及与增发、发行可转换公司债券等相关的发行文件。所以，隐瞒重要事实或者编造虚假内容的文件，不仅仅是罪名中所列出的这些文件，也包括其他重要的文件。

欺诈发行证券罪与集资诈骗罪存在差异。虽然两罪在客观上的表现均是向社会公众非法募集资金，但是根据《全国法院审理金融犯罪案件工作座谈会纪要》，“集资诈骗罪和欺诈发行股票、债券罪、非法吸收公众存款罪在客观上均表现为向社会公众非法募集资金。区别的关键在于行为人是否具有非法占有的目的”。对于在欺诈发行股票、债券的行为过程中具有非法占有目的的应认定为集资诈骗罪。但是对于欺诈发行股票、债券后不能返还的，不能推定为具有非法占有的目的。同样，将少部分的募集资金用于个人消费和挥霍，大部分资金用于投资生产的，也不能仅以此认定为具有非法占有的目的。

二、立案标准

《最高人民检察院　公安部关于公安机关管辖的刑事案件立案追诉标准的规定（二）》第5条〔欺诈发行证券案（《刑法》第160条）〕规定，涉嫌下列情形之一的，应予立案追诉：（1）非法募集资金金额在1000万元以上的；（2）虚增或者虚减资产达到当期资产总额30%以上的；（3）虚增或者虚减营业收入达到当期营业收入总额30%以上的；（4）虚增或者虚减利润达到当期利润总额30%以上的；（5）隐瞒或者编造的重大诉讼、仲裁、担保、关联交易或者其他重大事项所涉及的数额或者连续十二个月的累计数额达到最近一期披露的净资产50%以上的；（6）造成投资者直接经济损失数额累计在100万元以上的；（7）为欺诈发行证券而伪造、变造国家机关公文、有效证明文件或者相关凭证、单据的；（8）为欺诈发行证券向负有金融监督管理职责的单位或者人员行贿的；（9）募集的资金全部或者主要用于违法犯罪活动的；（10）其他后果严重或者有其他严重情节的情形。

其他严重后果和其他严重情节，是指没有达到上述立案追诉标准，但是行为人欺诈发行股票、债券的行为严重影响投资人或者债权人经营和生活，造成矛盾激化引发群体性事件，或者投资人、债权人自杀等严重后果，影响社会安定的。

三、量刑幅度

行为人实施欺诈发行证券行为，数额巨大、后果严重或者有其他严重情节的，处五年以下有期徒刑或者拘役，并处或者单处罚金；数额特别巨大、后果特别严重或者有其他特别严重情节的，处五年以上有期徒刑，并处罚金。

控股股东、实际控制人组织、指使实施欺诈发行证券行为，数额巨大、后果严重或者有其他严重情节的，处五年以下有期徒刑或者拘役，并处或者单处非法募集资金金额20%以上一倍以下罚金；数额特别巨大、后果特别严重或者有其他特别严重情节的，处五年以上有期徒刑，并处非法募集资金金额20%以上一倍以下罚金。

单位犯本罪的，对单位判处非法募集资金金额20%以上一倍以下罚金，并对其直接负责的主管人员和其他直接责任人员，依照欺诈发行证券罪定罪处罚。

本罪对于控股股东利用控股优势地位进行欺诈发行证券的，罚金幅度是募集资金金额的20%至一倍。这是因为欺诈发行证券的利益往往都是被控股股东所获取，对他们加大经济处罚幅度，能有效遏制他们犯罪动机。

精选裁判

一、金亚科技欺诈发行股票案[1]

2008年至2009年7月间，周某某作为金亚科技的股东、董事长及实际控制人，为使该公司在A股市场顺利上市交易，授意财务总监花某某、销售经理郑某某等人进行财务数据造假。他还在不同场合以明示或暗示的方式要求公司其他部门员工予以协助配合。

销售经理郑某某根据财务总监花某某等人所提出的数据要求，通过伪造销售合同、客户印章以及中国工商银行、成都商业银行、上海浦东发展银行等金融机构的收、付款回执单等方式，形成文件名为“006账套”的虚假财务账目数据，虚增、夸大公司2006年度至2008年度以及2009年第一、二季度营业收入及盈利能力。

金亚科技在向中国证监会提交的《首次公开发行股票并在创业板上市招股说明书》等文件中使用上述虚假数据，隐

1. 四川省成都市中级人民法院（2020）川01刑初323号刑事判决书。

瞒公司真实经营状况。中国证监会被虚假数据误导作出了核准决定。金亚科技于2009年10月30日在深圳证券交易所正式挂牌交易，获准公开发行股票人民币普通股（股票代码：300028）3700万股，募集资金净额人民币3.9186亿元。

经鉴定，金亚科技IPO财务申报审批材料存在作假，其中2008年以及2009年1—6月营业收入作假金额分别为137067587.60元、79946942.67元，作假幅度分别为披露金额的87.06%、84.47%；净利润作假金额分别为42817348.78元、19100787.75元，作假幅度分别为披露金额的106.77%、101.87%；净资产作假金额分别为177306132.82元、168683920.57元，作假幅度分别为披露金额的89.40%、69.11%。

法院认为，金亚科技在招股说明书中隐瞒重要事实、编造重大虚假内容，发行股票，数额巨大，周某某作为公司直接负责的主管人员，花某某、郑某某作为公司其他直接责任人员，行为均已构成欺诈发行股票罪。

法院判决：金亚科技犯欺诈发行股票罪，判处罚金人民币392万元；周某某犯欺诈发行股票罪，判处有期徒刑二年；花某某犯欺诈发行股票罪，判处有期徒刑一年六个月，缓刑三年；郑某某犯欺诈发行股票罪，判处有期徒刑一年六个月，缓刑三年。

二、北极皓天公司欺诈发行股票、债券案[1]

北极皓天公司于2009年底注册成立，因缺少资金公司一直未建成投产项目。2012年时，北极皓天公司实际控制人杨某1（另案处理）和法定代表人杨某甲经合议后，联系中山证券，拟向上海证券交易所申请非公开发行中小企业私募债券，金额不超过1亿元。

2013年3月，北极皓天公司隐瞒公司有未建成投产项目的重要事实，提交虚假的审计报告、纳税证明等材料，误导了中山证券对外发布《北极皓天公司2013年中小企业私募债券募集说明书》，骗取上海证券交易所同意备案。

2013年9月，在投资者认购意向不足，该债券面临发行失败时，杨某1及杨某甲借款人民币6700万元进行虚假认购，以此误导投资机构嘉实资本管理有限公司认购了2700万元，该债券到期后，北极皓天公司无法兑付。

法院认为，北极皓天公司在公司债券募集过程中隐瞒重要事实、编造重大虚假内容，发行公司债券，数额巨大；杨某甲作为北极皓天公司直接负责的主管人员，决定并实施上述犯罪行为，其行为均已构成欺诈发行债券罪。杨某甲到案后如实供

1. 江苏省无锡市中级人民法院（2018）苏02刑初49号刑事判决书。

述自己的罪行，系坦白，依法可予以从轻处罚。

对本罪中“公司、企业债券”的理解，除应根据《刑法》的规定外，还应根据《公司法》《证券法》等专门法律的规定。《公司法》规定，公司债券是指公司依照法定程序发行、约定在一定期限还本付息的有价证券。公司发行公司债券应当符合《证券法》的规定。《证券法》规定，公司证券可分为公开发行的证券和不公开发行的证券。私募债券虽然在发行方式、对投资者的要求、是否须经国家证券监管部门审核等方面与公开发行的公司、企业债券不同，但其本质仍是公司、企业债券，应受《刑法》相关规定的调整。因此，《刑法》第160条中规定的“公司、企业债券”应当包含私募债券。

法院判决：北极皓天公司犯欺诈发行债券罪，判处罚金人民币100万元。杨某甲犯欺诈发行债券罪，判处有期徒刑一年三个月。责令北极皓天公司向投资者退赔违法所得。

三、陈某某欺诈发行股票、债券案[1]

B公司成立于2006年10月，陈某某系公司法定代表人、董事长，陈某某之妻关某系公司总经理，两人系该公司实际控制人。2010年至2013年间，B公司因经营不善，连续亏损。

1. 上海市第一中级人民法院（2019）沪01刑初29号刑事判决书。

2013年下半年，为解决公司资金短缺问题，陈某某、关某在明知公司财务状况不符合发债要求的情况下决定发行私募债券。两人伙同时任B公司财务经理的周某以及为公司代理记账人员刘某，向承销券商国海证券提供虚假财务数据，致使国海证券决定对B公司发行私募债券项目立项。此后，关某伙同周某、刘某通过制作虚假的增值税专用发票、纳税凭证、承诺书以及虚假财务报表的方式，虚增公司营业收入及利润，并通过亚太事务所出具了虚假的审计报告，分别虚增营业收入6.7亿余元、利润1.4亿余元、资本公积6517万余元。2014年1月，承销券商国海证券出具了包含上述审计报告数据的《B公司2013年中小企业私募债券募集说明书》。在此过程中，陈某某在公司开会时动员员工配合发债，参与接待券商及会计师事务所人员，在募集说明书、虚假收据、承诺书、资产负债表等相关资料上签字。

2014年3月至7月，B公司以上述募集说明书向深圳证券交易所备案后，先后向Z公司、国海金贝壳赢安鑫1号集合资产管理计划、广西D有限公司等发行两年期私募债券“13中联01”“13中联02”“13中联03”，共计0.9亿元。2016年7月，上述债券到期后，B公司无力支付本金共计0.9亿元及到期利息，造成投资者重大资金损失。

2019年1月18日，陈某某被抓捕归案。

法院认为，陈某某的行为已构成欺诈发行债券罪，主要理由如下：

第一，B 公司存在欺诈发行债券的行为。在案证据证明，B 公司在发行中小企业私募债券过程中，以制作虚假的增值税专用发票、纳税凭证、承诺书以及虚假财务报表的方式，虚增公司营业收入及利润，并通过亚太事务所出具了虚假的审计报告，欺诈发行公司债券 0.9 亿元，数额巨大，到期后无法偿还，后果严重。

第二，陈某某参与决定、实施欺诈发行债券行为。陈某某作为 B 公司法定代表人、实际控制人，明知公司连年亏损，资金困难，仍与关某商定发行私募债券，并在公司开会时动员员工配合发债，参与接待券商及会计师事务所人员，在募集说明书、虚假收据、承诺书、资产负债表等相关资料上签字，积极实施欺诈发行债券行为。同时，鉴于陈某某系 B 公司法定代表人、实际控制人，应认定其系公司直接负责的主管人员。

法院判决：陈某某犯欺诈发行债券罪，判处有期徒刑三年六个月。违法所得予以追缴。

第二章

擅自发行股票、公司、企业债券罪

编者有话

在特定范围内发行股票，未经批准仍构成擅自发行股票罪

企业上市的首要目的是融资，融资平台是国家指定的交易所，只有经过交易所同意才能募资。从这点来说，注册制的本质还是核准许可，企业没有经过许可是不能向社会公开发行股票的。刑法中规定的擅自发行股票罪就是为了打击这种不经过国家批准发行股票的违法行为。

发行股票的主体只能是股份公司，股份公司股东最多不可超过200人，这200人只能是特定对象，而不能是社会公

众。按照《公司法》的规定，股份公司设立方式可以采取募集设立，募集设立包括向社会公开募集和向特定对象募集两种方式，其中向社会公开募集要经国家批准，未经国家批准发行股票就是违法发行。曾有一家友邦食用菌公司在特定的范围内发行股票，股东是赵某某，公司注册资本为10万元。赵某某把有限公司变更为股份公司，注册资本增加到500万元。一般情况下，有限公司要变更为股份公司是因为有上市计划，没有这种计划是不会这么做的。但赵某某将有限公司变更为股份公司，目的是要通过发行股份来募集资金。

2014年，赵某某召开股东会决定发行原始股募集资金，注册资本再次扩大，增加到700万元。公司下发了《中国·牡丹江友邦生物食用菌（木耳）集团有限公司关于认购原始股票文件》，他对外谎称公司即将上市，两年内将在新三板上市，然后再进入主板市场。如果三年内没有在主板市场上市，那么他就以三倍的价格回购投资人认购的股票。赵某某还吹嘘上市后股票能够翻几倍、几十倍，最后有71人相信了，以每股1元到3元不等的价格买了股票，股数139.9万股，赵某某募集到资金261.7万元。

认购股票的这71人都是赵某某公司原来的股东和内部员工的亲朋好友，他们是经人介绍才知道友邦食用菌公司要发行股票以后要上市的事情。他们认为这个消息来源于公司内部，不会是假的，买了股票等上市后收益就会翻几倍，于是都抢着来认购。事实上发行股票的公司是友邦股份公司，注册资金为

500万元，赵某某是法定代表人，他和其他12位发起股东实际出资54万元，从2013年到2016年三年时间经营总收入只有2.99万元。公司主要是靠募集资金来维持公司运作。投资人只要稍微关心一下公司的经营规模，就知道这样的公司根本不符合上市条件，可是这些投资人宁愿相信内部消息也不愿相信专业知识。

由于这些投资人都是股东和内部员工的亲朋好友，所以赵某某认为自己发行股票的对象是特定群体，不是向社会公众发行，不需要经过国家批准。公司发行股票之后，他还到工商局将这些认购人都登记为公司的股东，让他们直接持有公司股权。看上去这是正常投资，公司发给这些投资人原始股权证，权证记载公司名称、成立时间、注册资金、股东姓名、持股数量等信息。可即使他们是公司内部员工的亲朋好友，但是对于赵某某来说都是不认识的人，不属于特定的人。只要愿意，他们都可以投资认购股份，所以这些投资人本质上还是属于不特定的对象。

公司向不特定公众发行股票要经过国家批准，虽然赵某某主观上存在认识错误，认为发行对象是特定的，但特定和不特定不是按照行为人自己的认识来确定的，而是按照对象身份是不是确定的标准来判断。如果对象不是身份确定的人，而是只要满足条件，任何人都可认购，就属于不特定对象。

根据《刑法》相关规定，友邦食用菌公司因犯有擅自发行股票罪，被判清退所有投资款，董事长赵某某作为直接责任人应承担刑事责任，被判处有期徒刑一年半。本案的关键问题就是赵某某将特定范围内的不特定对象误认为特定对象，将违法发行股票的行为当作正常的募集资金，但是行为人的认识错误不影响定罪处罚。

常见问题

1. 发行股票承诺在一定时间后可以还本付息的构成擅自发行股票罪吗?

答：面向社会不特定对象发行股票，承诺一定时间之后还本付息的，属于非法吸收资金行为，符合《最高人民检察院　公安部关于公安机关管辖的刑事案件立案追诉标准的规定（二）》第23条的，构成非法吸收公众存款罪。如果没有承诺还本付息，投资人在投资前的主要愿望是认购发行的股票，行为人会构成擅自发行股票罪。

2. 擅自发行股票后筹集到的资金部分用于生产，会构成其他犯罪吗?

答：擅自发行股票后筹集到的资金，如果只有少部分用于生产经营，致使筹集的资金无法返还，集资数额超过10万元的，应认定为集资诈骗罪，处罚要比擅自发行股票罪重。

罪名解读

一、犯罪行为

擅自发行股票、公司、企业债券罪，根据《刑法》第179条的规定是指，未经国家有关主管部门批准，擅自发行股票或者公司、企业债券，数额巨大、后果严重或者有其他严重情节的行为。

本罪的主体可以是单位。

发行股票，公司、企业债券，是企业在市场经济下的一种有效的集资手段。擅自发行股票、公司、企业债券罪在主观方面表现为故意犯罪，过失不构成擅自发行股票、公司、企业债券罪。在客观方面，行为人必须实施了未经国家有关主管部门批准擅自发行行为，数额巨大、造成严重后果或者有其他严重情节的行为。

根据《最高人民法院关于审理非法集资刑事案件具体应用法律若干问题的解释》第10条的规定，未经国家有关主管部门批准，向社会不特定对象发行、以转让股权等方式变相发行股票或者公司、企业债券，或者向特定对象发行、变相发行股票或者公司、企业债券累计超过200人的行为，应当认定为“擅自发行股票或者公司、企业债券”。构成犯罪的，以擅自发行股票、公司、企业债券罪定罪处罚。根据这条规定，变相向特定对象转让股权，或者发行股票或债券的，人数超过200人，应被认定为擅自发行的犯罪行为。

二、立案标准

《最高人民检察院　公安部关于公安机关管辖的刑事案件立案追诉标准的规定（二）》第29条〔擅自发行股票、公司、企业债券案（《刑法》第179条）〕规定，未经国家有关主管部门批准或者注册，擅自发行股票或者公司、企业债券，涉嫌下列情形之一的，应予立案追诉：（1）非法募集资金金额在100万元以上的；（2）造成投资者直接经济损失数额累计在50万元以上的；（3）募集的资金全部或者主要用于违法犯罪活动的；（4）其他后果严重或者有其他严重情节的情形。

本条规定的“擅自发行股票或者公司、企业债券”，是指向社会不特定对象发行、以转让股权等方式变相发行股票或者公司、企业债券，或者向特定对象发行、变相发行股票或者公司、企业债券累计超过200人的行为。

三、量刑幅度

擅自发行股票或者公司、企业债券数额巨大、后果严重或者有其他严重情节的，处五年以下有期徒刑或者拘役，并处或者单处非法募集资金金额1%以上5%以下罚金。

单位犯本罪的，对单位判处罚金，并对其直接负责的主管人员和其他直接责任人员，处五年以下有期徒刑或者拘役。

精选裁判

一、张某擅自发行股票案[1]

2003年至2005年间，张某在未经证券行政管理部门批准的情况下，擅自通过上海晨某公司、上海东某产权经纪有限公司向社会公众转让自己被代持的上海致某信息公司股权共计41.14万股股权，股权转让后获得人民币98万余元。同期，张某又接受致某信息公司股东王某某、樊某某等人的委托，代为办理转让他们持有的股权，张某仍通过原来方式向社会公众转让致某信息公司股权近200万股，获得转让款共计人民币400余万元，张某从中获取好处费数十万元。

2014年4月28日，张某在暂住地被抓获，到案后他如实供述了上述事实，并在侦查及审理阶段共计退还人民币115

1. 上海市静安区人民法院（2015）闸刑初字第666号刑事判决书。

万元。

法院认为，张某未经国家有关主管部门批准，向社会不特定对象转让股权，数额巨大、后果严重，其行为已构成擅自发行股票罪，依法应予惩处，张某到案后能如实供述自己的罪行，依法可从轻处罚。鉴于张某到案后退出了其本人股权的全部转让款及部分好处费，可对其酌情从轻处罚。

法院判决：张某犯擅自发行股票罪，判处有期徒刑二年，缓刑二年，并处罚金人民币10万元，追缴违法所得。

二、张某某擅自发行股票案[1]

张某某于2009年12月，伙同刘某某、任某某（均另案处理）等人合谋，未经证监会批准，擅自对外公开发售中国人参控股有限公司股票1000万股。张某某组织销售团队在2010年1月至2011年12月间，对外宣传公司计划将在美国纳斯达克PK板块升至OTCBB板块上市，购买公司原始股票上市后可以获得高额回报。张某某组织骨干人员迟某某、熊某某、胡某某、崔某某组成销售团队，采用电话联系、“口口相传”等方式联系投资者，吸引投资者购买公司发行的股票。

他们同时在长春市紫荆花、华天、吉祥酒店及沈阳、延吉

1. 长春市南关区人民法院（2019）吉0102刑初464号刑事判决书。

等地，举办多场股票推介会，采取播放宣传片夸大收益、发放宣传手册等公开方式，以每股3.6元的股价向社会出售公司股票。投资者通过银行转账、缴纳现金等方式支付股票认购款后，还与中国人参控股有限公司签订《购买股票协议书》《股权确认书》，作为认购和持有公司股票的证明。其间，共有224名投资者认购股票990万股，筹集了人民币2935.26万元。其中，有130名投资者为不特定对象，共购买股票628万股，总金额2267.47万元。张某某擅自发行股票所得赃款均被挥霍。

法院认为，张某某伙同他人，未经中国证监会批准，擅自公开发行股票，发行数额巨大，其行为已构成擅自发行股票罪，应依法惩处。鉴于张某某到案后如实供述犯罪事实，属坦白，可依法从轻处罚。

法院判决：张某某犯擅自发行股票罪，判处有期徒刑四年，并处罚金人民币100万元。

三、赵某某擅自发行股票案[1]

赵某某于2013年10月21日注册成立友邦食用菌公司，股本为人民币10万元。赵某某派人用友邦集团公司的营业执照、组织机构代码证、全国工业产品生产许可证复印件、原始

1. 黑龙江省牡丹江市中级人民法院（2019）黑10刑终28号刑事裁定书。

股权证，以及其为专利权人的“关于负离子有机木耳、蘑菇的生产方法”的发明专利证书等文件进行虚假宣传。在未经国务院证监部门批准的情况下，友邦食用菌公司于2014年5月1日发布《中国·牡丹江友邦生物食用菌（木耳）集团有限公司关于认购原始股票文件》，以友邦集团公司的名义向全国发行原始股票，并于2014年7月10日发布了《牡丹江友邦生物科技股份有限公司关于认购企业原始股票文件》。

2014年8月11日，友邦食用菌公司变更为友邦股份公司（非上市），注册资本金500万元，股东为赵某某、王某某、王某某（1）、李某某等13人。2014年8月至案发期间，赵某某谎称公司即将上市，上市后股票价格能翻几倍、几十倍，以每股1至3元不等的价格向71名社会公众发行原始股票139.9万股，合计金额261.7万元。

2016年11月14日，友邦股份公司股东李某某等4人以赵某某涉嫌集资诈骗为由到公安机关报案。之后，在2017年1月7日友邦股份公司在这71人不知情的情况下，到工商机关将其登记为公司股东。部分股东要求退款，友邦股份公司不能清退。

法院认为，友邦股份公司未经国家证券管理部门批准，擅自发行股票，数额巨大，不能及时清退，其行为构成擅自发行股票罪。赵某某作为友邦股份公司直接负责的主管人员，应承担相应责任，构成擅自发行股票罪。

依照《公司法》和《证券法》的规定，股票是股份公司签发的证明股东所持股份数的凭证，包括上市公司的股票，也包括未上市股份公司的股权。友邦股份公司发给投资人的原始股权证中，记载有公司名称、成立时间、法人代码、注册资金、股东姓名、持股数量、编号及法定代表人印章等，符合股票的特征和要件。由于友邦股份公司承诺即将上市且股票能够获利，投资者的主观目的是通过先期购买股票，待公司上市后依靠股票升值赚钱，即投资者购买的是未上市股份公司的股票，因此，友邦股份公司出售股权的行为就是发行股票。

本案中，赵某某作为友邦股份公司的董事长，在明知该单位未得到有关主管部门批准的情况下，发布认购原始股票文件、鼓励员工向社会公众推介公司股票，发行股票数额 200 万元以上，致使 70 人以上的投资者购买了股票，不能及时清退，应当以擅自发行股票罪追究友邦股份公司及赵某某的责任。

法院判决：友邦股份公司犯擅自发行股票罪，判处罚金五万元；赵某某犯擅自发行股票罪，判处有期徒刑一年六个月；责令友邦股份公司退还违法所得。

第三章

违规披露、不披露重要信息罪

编者有话

上市公司犯有违规披露重要信息罪，涉案高管也应承担刑事责任

2022年2月18日晚上，上市公司ST金刚发布公告称，公司收到公安机关通知，公司法定代表人和董事长郭某因涉嫌违规披露重要信息罪被采取强制措施。看似仅公司董事长一人涉嫌犯罪，其实还会牵涉其他高管，因为这种犯罪行为一般是团伙作案。也就是说，上市公司实施违规披露、不披露重要信息行为，光靠董事长一人是完成不了的，必须有其他人协助才能完成整个犯罪活动。比如财务报告需要财务总监签字，重

要信息需要董事会秘书对外发布。上市公司发布一个公告的背后需要多人互相配合，所以违规披露信息犯罪一般情况下都是团伙犯罪。因此，刑法规定本罪犯罪主体包括：直接负责的主管人员和其他直接责任人员。直接负责的主管人员一般就是董事长、总经理、董事会秘书，其他直接责任人员一般是财务总监、经理、出纳等。其他参与作案的人也会构成犯罪。

ST 金刚董事长郭某涉嫌违规披露重要信息的案件要追溯到 2021 年 8 月 13 日，当时 ST 金刚收到证监会下发的《行政处罚及市场禁入事先告知书》。这份行政处罚告知书里列举了该公司的多项违法行为，其中实际控制人和董事长郭某可能涉及三宗罪：（1）违法占用上市公司资金和为关联方提供资金行为涉嫌背信损害上市公司利益罪；（2）编制虚假财务报告，违规披露上市公司信息涉嫌违规披露、不披露重要信息罪；（3）利用职务便利侵占上市公司财产涉嫌职务侵占罪。这三种行为中无论哪一种行为，都是数额巨大，已经达到立案追诉标准。

ST 金刚违规披露的重要信息是年度财务报告。财务报告反映的是上市公司年度经营情况。财务报告做假账的目的就是把亏损的做成盈利的，把赚小钱的做成赚大钱的，编造出一份靓丽的年报，这样就可起到欺骗市场的作用，以此来维持公司股价，甚至还能继续从市场融资。

做假账要足以让市场产生误解，在正常的经营数据中虚增利润。ST 金刚用的就是这种办法，虚构交易，虚增收入和利润。据《行政处罚及市场禁入事先告知书》显示，ST 金刚与一些企业虚构销售交易，销售款到账后再转出去，利用资金多次循环的方式来增加公司营业收入。公司还虚开发票，看上去有多笔销售业务，但都是没有实际交易的走账。比如，1 万元资金循环 10 次，那就变成了 10 万元营业收入，虚增了 9 万元。后来公司自己都觉得走账多了，怕引起怀疑，索性再换另外一种方式来虚增收入。

ST 金刚使用抵债方式，即用交易方的商品来抵销应收账款。为什么这样做呢？这里涉及一个财务知识，即公司销售商品之后，如果对方没有当场付款，卖方就会产生应收账款，应收账款时间长了就会变成坏账。ST 金刚因为走账次数太多，没有这么多现金周转，所以就以商品来抵销应收账款。

抵债可以随意给商品定价，比如价值 1 元的商品就可以定为价值 10 元，抵销的就是 10 元的应收账款，在会计账面上就增加了 10 元的资产。买卖双方本身就在 ST 金刚的操控之下，一个商品值多少钱都是自己说了算。ST 金刚想利用抵债方式来增加公司资产，但是做得漏洞百出，让人一眼就能看出拿来抵债的商品不值钱。而且拿来抵债的商品只有记录，没有入库，公司根本就没有收到这些东西。这些问题经过审计后就被发现了，审计认为这些做法缺少商业逻辑，不符合赚钱的方式，所以将抵债做法认定为做假账。2018 年 ST 金刚通过这样的操作手法，虚构利润 5.7 亿元，占利润总额 44%，也就是说近一半的利润都是假的。

除了虚构交易和抵债做假账之外，2018 年 ST 金刚还通过股权转让虚增利润，其转让子公司华晶精密公司100%股权给某个投资管理合伙企业，这个合伙企业的两个自然人股东冯某和张某原来都是ST金刚董事长郭某公司的员工。因此，虽然股权已全部转让，但公司董事长、法定代表人还是原来的，控制权并没有转移，股权转让费也没有入账。可这笔费用已经被确认为ST金刚的收入，当年这3.1亿元利润明显是虚增。

2018年，ST金刚通过循环走账、商品抵债、股权转让三种方式共虚增利润8.88亿元，占当年该公司利润总额的68%，即一大半的利润都是假的。更让人无法理解的是，因为虚构这些交易利润是要交税的，所以造假之后公司还要拿出钱来交税。企业赚钱了要交所得税，一般按照25%比例缴纳，ST金刚要交2.22亿元。这样ST金刚不仅没有赚到8.88亿元，反而还要交出去2.22亿元税款，这就是做假账虚增利润的后果。当然，ST金刚隐瞒了这件事，让市场以为企业还有很强的赚钱能力，以避免股价下跌。

股价不跌，ST金刚实际控制人郭某手中的股票市值就不会下跌，他还能继续操控公司。但是郭某不知道自己这种行为已经构成犯罪。根据《最高人民检察院　公安部关于公安机关管辖的刑事案件立案追诉标准的规定（二）》，违规披露、不披露重要信息案虚增利润达到当期披露的利润总额30%以上的应该立案追诉。郭某虚增公司利润高达68%，已涉嫌犯有违规披露重要信息罪。

ST金刚董事长郭某被公安机关采取强制措施是必然结果，

但是本案涉及的违规披露重要信息罪的主体可能不止董事长郭某一人，还会涉及其他负责的主管人员和直接责任人员，所以公司的主管领导和负责财务的直接责任人员都有可能被刑事追诉。

常见问题

1．上市公司违规披露重要信息，挂名法定代表人和董事长是否要承担罪责？

答：上市公司违规披露重要信息，法定代表人和董事长在召集会议、签署披露文件中起到主要作用。即使是挂名的法定代表人或董事长也应该知道自己职务的责任，如果放弃责任听从别人操控，在主观上也具有犯罪故意。所以，也构成违规披露重要信息罪。

2．从上市公司离职后，继续帮助上市公司编制财务报告的人是否构成犯罪？

答：名义上不是上市公司的财务负责人，但是实际上负责上市公司的财务报告编制，参与作假编造财务数据，情节严重的，是违规披露重要信息的直接责任人员，构成违规披露重要信息罪。

3．上市公司做假账披露后，会计出纳要承担相应的刑事责任吗?

答：在上市公司违规披露重要信息过程中，会计出纳如果明知做账存在问题，但是仍然违反财务规则做假账，为犯罪行为提供帮助，属于从犯，应当承担刑事责任。

罪名解读

一、犯罪行为

违规披露、不披露重要信息罪，根据《刑法》第161条的规定是指，依法负有信息披露义务的公司、企业向股东和社会公众提供虚假的或者隐瞒重要事实的财务会计报告，或者对依法应当披露的其他重要信息不按照规定披露，严重损害股东或者其他人利益，或者有其他严重情节的行为，其直接负责的主管人员和其他直接责任人员应当承担刑事责任。

公司、企业的控股股东、实际控制人实施或者组织、指使实施违规披露、不披露重要信息行为的，或者隐瞒相关事项导致严重损害股东或者其他人利益情形发生的，依照本罪定罪处罚。

控股股东、实际控制人是单位的，构成单位犯罪。

本罪中的“公司、企业的控股股东”，根据《公司法》第

216 条是指，其持有的股份占股份有限公司股本总额 50% 以上的股东，或者其持有股份比例虽不足 50%，但依其持有的股份所享有的表决权已足以对股东大会的决议产生重大影响的股东。本罪中公司、企业的实际控制人是指，虽不是公司的股东，但通过投资关系、协议或者其他安排，能够实际支配公司行为的人。

本罪中的“依法负有信息披露义务的公司、企业”是指，依据《公司法》《证券法》《银行业监督管理法》《商业银行法》《证券投资基金法》《保险法》等法律、法规的规定，负有信息披露义务的公司、企业。另外，根据《证券法》第 78 条规定，国务院证券监督管理机构可以对其他信息披露义务人的范围作出规定。所以这里具有信息披露义务的公司、企业不仅仅是上市公司，还应包括其他负有信息披露义务的非上市公众公司。

关于本罪中的“财务会计报告”，根据《公司法》第 163 条、第 164 条、第 165 条的规定，公司应该按照法律、行政法规和国务院财政部门的规定建立本公司的财务、会计制度。公司应当在每一会计年度终了时编制财务会计报告，提供给股东。公开发行股票的股份有限公司必须公告其财务会计报告。

本罪中“对依法应当披露的其他重要信息不按照规定披露”的行为是指，违反法律、行政法规和国务院证券管理部门等对信息披露的规定，对除财务会计报告以外的其他重要信息，比如重大担保、资产并购等信息不披露或者进行虚假披露的行为，如作虚假记载、误导性陈述或者有重大遗漏等。

二、立案标准

《最高人民检察院　公安部关于公安机关管辖的刑事案件立案追诉标准的规定（二）》第6条〔违规披露、不披露重要信息案（《刑法》第161条）〕规定，依法负有信息披露义务的公司、企业向股东和社会公众提供虚假的或者隐瞒重要事实的财务会计报告，或者对依法应当披露的其他重要信息不按照规定披露，涉嫌下列情形之一的，应予立案追诉：（1）造成股东、债权人或者其他人直接经济损失数额累计在100万元以上的；（2）虚增或者虚减资产达到当期披露的资产总额30%以上的；（3）虚增或者虚减营业收入达到当期披露的营业收入总额30%以上的；（4）虚增或者虚减利润达到当期披露的利润总额30%以上的；（5）未按照规定披露的重大诉讼、仲裁、担保、关联交易或者其他重大事项所涉及的数额或者连续12个月的累计数额达到最近一期披露的净资产50%以上的；（6）致使不符合发行条件的公司、企业骗取发行核准或者注册并且上市交易的；（7）致使公司、企业发行的股票或者公司、企业债券、存托凭证或者国务院依法认定的其他证券被终止上市交易的；（8）在公司财务会计报告中将亏损披露为盈利，或者将盈利披露为亏损的；（9）多次提供虚假的或者隐瞒重要事实的财务会计报告，或者多次对依法应当披露的其他重要信息不按照规定披露的；（10）其他严重损害股东、债权人或者其他人利益，或者有其他严重情节的情形。

三、量刑幅度

违规披露、不披露重要信息，严重损害股东或者其他人利益，或者有其他严重情节的，对其直接负责的主管人员和其他直接责任人员，处五年以下有期徒刑或者拘役，并处或者单处罚金；情节特别严重的，处五年以上十年以下有期徒刑，并处罚金。控股股东、实际控制人是单位的，对单位判处罚金，并对其直接负责的主管人员和其他直接责任人员，依照上述的规定处罚。

精选裁判

一、博元公司违规披露、不披露重要信息案[1]

博元公司系境内上市公司，博元公司的控股股东系华信泰公司，法定代表人为余某某。李某甲（在逃）和余某某是夫妻

1. 广东省珠海市中级人民法院（2016）粤04刑初131号刑事判决书。

关系，共同管理该公司。此外，李某甲还借用他人身份证注册成立青禧公司和深圳茂盛荣贸易有限公司，并实际控制这两家公司，利用它们进行走账和开展关联业务。

2010年3月，李某甲和余某某夫妇注册成立华信泰公司，后以华信泰公司的名义通过司法拍卖取得博元公司原第一大股东勋达公司3997万股限售流通股，成为博元公司新的控股股东，取得博元公司的控制权。

博元公司原控股股东勋达公司和第二大股东许某曾对公司2008年、2009年的股改业绩作出盈利承诺，但是2008年、2009年两年公司经营业绩亏损，累计归属于博元公司的净利润为负4.72亿元，与其股改业绩承诺之间的差额为5.26亿元。2010年4月，勋达公司、许某所持有的限售流通股分别通过司法拍卖、司法划转被转给华信泰公司、辽源大成公司、林某、黄某2、吴某甲、吴某乙、王某3等8名新股东，勋达公司和许某没有按期支付上述股改业绩承诺，8名新股东必须承接支付上述股改业绩承诺款的义务。

2010年5月，广东证监局多次催促，要求控股股东华信泰公司牵头尽快支付和督促林某等8名股改义务人支付5.26亿元股改业绩承诺款。截至2011年4月，尚有384528450元的股改业绩承诺款没有兑付，其中包括华信泰公司应付的1.386亿元。李某甲和余某某夫妇以华信泰公司名义承诺全部支付，但谎称因为博元公司账号被冻结，为保证资金安全，相关款项会支付到博元公司子公司信实公司和裕荣华公司账号。

为了完成股改业绩承诺款的支付，使限售流通股能尽快解禁上市流通，李某甲和余某某、博元公司总裁陈某共同商议，由李某甲负责筹集资金，通过华信泰公司代付384528450元股改业绩承诺款。

2011年4月26日，李某甲向东莞科汇公司借款1亿元，然后通过华信泰公司、裕荣华公司之间循环转账，每次转款9800余万元，循环四次累计转入裕荣华公司384528450元，虚构华信泰公司已支付股改业绩承诺款的事实，制造由裕荣华公司代收股改业绩承诺款，并已代林某等股改义务人支付股改业绩承诺款的假象。然后，李某甲又虚构将3.84亿元借款给东莞景瑞公司用于投资理财的假象，实际上是通过多次循环转账，将1亿元转出去还给了东莞科汇公司。

做假账支付了业绩承诺款，但是公司账上没有这些钱。为了应对广东证监局检查，李某甲和余某某向深圳利明泰公司借款4亿元存放在裕荣华公司账上，制造账上有钱的假象。还伪造东莞景瑞公司转款到裕荣华公司的银行进账单、电汇凭证，虚构已从东莞景瑞公司收回借款3.84亿元的事实。

博元公司财务经理张某某根据伪造的银行进账单制作博元公司的合并财务报表，并在合并财务报表上虚假记载已收到股改业绩承诺款3.84亿元，导致博元公司虚增银行存款3.84亿元，虚增资本公积3.84亿元。2011年8月25日，董事长余某某签字发布博元公司的2011年半年度报告，对股改业绩承诺款的履行情况进行公告披露，其实都是一场骗局。

借来的4亿元也是要还的，但是还了以后，账上还要有4亿元的资金。所以，李某甲又指使余某某主持召开董事会，假装决定将股改业绩承诺款用于购买银行承兑汇票以掩盖事实真相。2011年12月，深圳市鑫海马投资有限公司通过青禧公司转入华信泰公司1000万元，李某甲指使博元公司财务总监伍某某将该1000万元通过循环转账形成37笔转账记录，虚构购买银行承兑汇票的事实。伍某某设计转账流程并指使财务经理张某某、出纳罗某某进行网银操作，通过循环转账37次，虚构博元公司子公司信实公司向青禧公司购买37张面额共3.47亿元银行承兑汇票的假象，并据此制作虚假的财务报表，在2011年年报中进行公告，导致博元公司2011年年报虚增应收票据3.47亿元，虚增其他流动负债1223万元。

2012年至2014年间，余某某、张某某根据李某甲提供的上述37张虚假银行承兑汇票，按照李某甲的要求多次虚构承兑汇票进行贴现、票据置换和支付预付款等交易，并根据李某甲提供的相关置换来的虚假银行承兑汇票进行记账，制作博元公司的虚假财务报表，致使博元公司披露的2011年至2014年的半年报、年报中虚增资产金额或者虚构利润均达到了当期披露的资产总额或利润总额的30%以上。

博元公司在2011年至2014年间的公告和财务会计报告中故意不披露公司的实际控制人还有李某甲，且青禧公司为李某甲控制下的关联公司，股改款未实际履行等重要信息。

2014年6月18日中国证监会广东证监局对博元公司立案

调查，发现该公司涉嫌违规披露、不披露重要信息罪和伪造、变造金融票证罪并移交公安机关，上海证券交易所于2015年5月15日对该公司的股票实施停牌，同月28日对该公司的股票暂停上市，2016年3月21日对该公司股票作出终止上市的决定。

另查明，伍某某于2009年5月至2011年8月在博元公司任财务总监，离职后继续在关联公司华信泰公司任职，并实际负责博元公司的财务工作。张某某2010年7月至2011年8月任博元公司财务经理，于2011年8月至2015年1月任博元公司财务总监，2011年12月14日起任博元公司董事。陈某于2010年4月至2011年8月任博元公司总裁。罗某某于2009年9月至2015年1月任信实公司、裕荣华公司出纳，2011年12月14日起任博元公司职工监事。

案发后，余某某、伍某某、张某某主动到公安机关投案。

法院认为，余某某作为博元公司的法定代表人、董事长，负责签订所有的财务文件，主持或参加董事会，与其丈夫李某甲共同控制和管理公司。根据同案被告人及证人的言词证据并结合其参加或主持董事会、负责文件及财务凭证的审批，还有其手机接收公司的银行账户资金变动短信通知等事实，可以认定其掌握公司的经营情况，并知道公司的违规操作情况。

本案中，李某甲因为违法犯罪的原因不能担任公司的法定代表人、董事长，而由其妻余某某出面担任法定代表人、董事长的身份履行职责，管理公司的财务，负责签订所有的财务文件，李某甲则作为实际控制人负责公司的重大决策。综合分析余某某的作用、地位，其身份非简单的挂名法定代表人、董事长，实际上与其丈夫李某甲共同配合管理公司。当然，从对公司的控制力上看，其作用、地位小于李某甲。故余某某在明知的情况下，作为公司的法定代表人、董事长，参与或纵容其丈夫李某甲违规操作，应承担相应的罪责。

2011 年 8 月，伍某某从博元公司离职，不再担任博元公司的财务总监，到关联公司华信泰公司工作，但仍实际负责博元公司财务报表及年报的制订工作。虽然其名义上的身份是华信泰公司的财务人员，但华信泰公司是博元公司的关联公司，本案涉及虚假兑付股改业绩承诺款的也是华信泰公司，所以无论从其实质作用、地位，还是从其身份看，伍某某都应作为直接责任人员承担相应的罪责。

现无充分证据证实张某某参与预谋，但其后来知道公司违规操作，仍然参与报表的制作，应承担相应的罪责。其虽然主动到公安机关投案，但在侦查阶段对主要犯罪事实辩解不知情，没有如实供述犯罪事实，不应认定为自首。但其主动投案，可酌情从轻处罚。

陈某作为公司总裁，虽然没有参与年报发布，但是其明知虚假履行支付股改承诺款仍然参与其中，作为直接负责的人员应当承担相应的责任。罗某某是公司的出纳，作为财务人员明知公司有违法操作的情况下参与转款等行为，该行为系犯罪的组成部分，应当承担相应的罪责。其作用、地位较轻，依法应从轻处罚。

法院判决：余某某犯违规披露、不披露重要信息罪，判处有期徒刑一年七个月，并处罚金人民币10万元。伍某某犯违规披露、不披露重要信息罪，判处有期徒刑八个月，缓刑一年，并处罚金人民币5万元。张某某犯违规披露、不披露重要信息罪，判处有期徒刑七个月，缓刑一年，并处罚金人民币4万元。陈某犯违规披露、不披露重要信息罪，判处拘役六个月，缓刑六个月，并处罚金人民币3万元。罗某某犯违规披露、不披露重要信息罪，判处拘役三个月，缓刑四个月，并处罚金人民币2万元。

二、九好集团违规披露重要信息案[1]

2013年至2015年间，九好集团为了吸引风投资金投资入股，实现上市等目的，通过与其他公司签订虚假业务合同，虚开增值税专用发票和普通发票，利用资金循环虚构银行交易流水等多种方式虚增服务费收入共计264897668.7元，虚增2015年贸易收入574786.32元。

之后，九好集团在与鞍重股份重大资产重组过程中，向鞍重股份提供了含有上述虚假信息的财务报表，鞍重股份于

1. 浙江省杭州市拱墅区人民法院（2020）浙0105刑初255号刑事判决书。

2016年4月23日公开披露了含有虚假内容的《九好集团审计报告（2013年至2015年）》。同日，鞍重股份公告了《鞍重股份重大资产重组置换及发行股份购买资产并募集配套资金暨关联交易报告书》，其中披露了重组对象九好集团含有虚假内容的最近三年主要财务数据，包括资产负债表主要数据、利润表主要数据、现金流量表主要数据，此外九好集团还隐瞒了3.3亿元定期存单质押的事项没有对外披露。

截至2015年12月31日，九好集团的实际净资产为98529498.71元，虚增资产达到当期披露的资产总额的30%以上，未按照规定披露的担保等重大事项所涉及的累计数额占九好集团实际净资产的50%以上。另查明，九好集团提供虚假的财务数据和信息的行为，已造成投资人直接经济损失数额累计2122706.32元。

法院认为，郭某某作为九好集团的实际控制人、法定代表人及董事长，是九好集团财务造假的决策、组织者，并在九好集团披露的虚假财务报表上签字，系直接负责的主管人员。宋某某作为九好集团的董事、总裁，为帮助九好集团虚增业绩，组织、参与业务造假行为，为九好集团财务造假提供了基础资料；杜某某作为郭某某妻子、九好集团的股东，负责安排、调拨九好集团及关联方资金用于虚增业务，并利用其个人银行卡为九好集团过账、伪造业务回款提供便利；王某作为原九好集团财务副总监，为九好集团及下属子公司虚增业务提供财务支持，并在账面上造假配合上市，上述三人均系其他直接责任人员。

法院判决：郭某某犯违规披露、不披露重要信息罪，判处有期徒刑二年三个月，并处罚金 10 万元。宋某某犯违规披露、不披露重要信息罪，判处有期徒刑二年，缓刑三年，并处罚金 5 万元。杜某某犯违规披露、不披露重要信息罪，判处有期徒刑二年，缓刑三年，并处罚金 5 万元。王某犯违规披露、不披露重要信息罪，判处有期徒刑一年，缓刑二年，并处罚金 2 万元。

第四章

内幕交易、泄露内幕信息罪

编者有话

否认知悉内幕信息，仍可推定成立内幕交易罪

内幕交易是一种非常隐蔽的违法行为，其中隐蔽的是获取内幕信息的手段，而不是异常交易行为。交易行为的买入和卖出都会留存记录，资金流向也非常清晰，这些信息只要一查就能查清楚。但是要查清楚获取内幕信息的行为就非常困难了，难点就在于获取内幕信息的手段非常隐秘，有时一个眼神、一个暗号，行为人或许就获取了内幕信息，这种方式不留痕迹，事后无法证实。

所以，在查处这种违法行为的时候，难以证实行为人是否获取了内幕信息。比如，甲是上市公司董事，知道公司马上要

并购一家科技企业的利好消息后暗示乙，让乙去买股票。甲和乙进行暗示时没有录音，也没有其他人在场，就是两个人私下里说了一句话。乙知道甲的身份是某上市公司的高管，对甲的暗示心领神会，但是不清楚消息内容，想反正肯定有好消息，自己就去买了该公司股票。这种行为就是内幕交易行为，情节严重的，就构成共同犯罪，甲犯有泄露内幕信息罪，乙犯有内幕交易罪，虽然罪名不一样，但是两个人是同案犯。乙买了股票后，正遇上市场暴跌，反而被套。内幕交易即使没赚到钱也是犯罪，轻的判处有期徒刑五年以下，没收违法所得，还要处以罚金。从经济角度来说，这种犯罪行为的结果最后都是亏本的。因为盈利的属于非法所得要被没收，还要处以罚金；亏损的没有非法所得，仍然要被处以罚金。

有这么一个案例，刘某被指控犯有内幕交易罪，泄露内幕信息的是某上市公司的副总裁赵某。2016 年 3 月 17 日，该公司初步确定上一年度 2015 年利润分配和公积金转增股本方案，第二天公司开会通报该议案，赵某参加会议获悉了这个利好信息。会后，他立马联系刘某指使他帮自己交易。刘某帮赵某买入 11.5 万股（唐山港股票），成交额 84.2 万元。刘某自己又买入 3 万股，成交 22.3 万元，3 月 31 日，上海证券交易所发布唐山港股票分配利润和转增股本的公告。到 4 月 5 日，刘某全部抛售后赚了 16.1 万元。在这个案件中，内幕信息敏感期是 2016 年 3 月 17 日至 3 月 31 日，赵某是获取内幕信息的公司高管人员。

案情很清楚，但是没想到案发后赵某自杀了，他还否认自己向刘某泄露过内幕信息。这让刘某觉得，两个人的事情，对方死了，那接下来就是死无对证了。所以刘某突然改口，不承认自己获取了内幕信息，只承认赵某让自己买股票，但是没有告诉自己内幕信息，所以自己买卖股票和内幕信息没有关系，不属于内幕交易违法行为。

赵某自杀了，能够证实赵某泄露内幕信息的人没有了，但是刘某买卖唐山港股票的行为却是存在异常的。刘某以前没有买过唐山港的股票，这次在赵某获悉内幕信息第二日买入，而且是全仓买入唐山港一只股票，在该公司公告后又马上全部抛售。经查，刘某这次交易行为和以前的交易习惯做法完全不同。赵某专门提取几十万元现金让刘某存入自己的银行账户，这很明显就是隐蔽的资金转账的方式，加上赵某又是知道内幕信息的高管，刘某应该知道这些行为背后隐藏着不可告人的目的。法院从交易时间进行判断，此次交易发生在赵某获悉内幕信息之后；从资金流向来看，资金从赵某账户转移到刘某账户；从关系来看，刘某和知悉内幕信息人赵某接触过；从交易异常来看，一下子全仓买入全仓卖出；从利益来看，赚到的 16 万余元的钱，两个人之间按约定分成了。虽然从直接证据无法认定刘某是否知道内幕信息，但是对于这些问题刘某都无法进行合理解释，最后二审裁定维持原判，最终还是认定刘某犯有内幕交易罪。

这里有个插曲就是律师为刘某作了无罪辩护。律师作无罪辩护并不当然对被告人有利，有时还存在着量刑风险。为什么呢？因为无罪辩护的前提是被告人要否认犯罪事实。如果不承认犯罪，法庭采纳无罪辩护的意见，那是有利于被告人的。但若法庭不采纳，那反而会认为被告人拒不认罪，没有悔罪的表现。拒不认罪的对量刑会产生重要影响，直接后果就是不能从轻处理，反而起到了加重量刑的作用，这对被告人是十分不利的，所以无罪辩护带有风险。

我们回到这个案件中，刘某原来在调查过程中是认罪的，只是后来因为知道赵某自杀才开始翻供，律师作出的无罪辩护也是失策的。对此，二审裁定中认定：经查，刘某的犯罪情节严重，拒不悔罪，即使缴纳了违法所得和罚款，也不足以免除刑事处罚，维持原判决有期徒刑八个月，罚金 4 万元，没收违法所得。

被告人否认事实并没有得到法官的从宽处理，如果当时律师辩护策略是引导被告人认罪认罚的话，笔者认为二审争取缓刑还是有很大可能的，因为被告人已经认罪认罚，不具有现实危害性了，而且实刑期很短没有必要继续关押。

在认定内幕交易罪时，不一定要证实刘某是否知道内幕信息，只要对于异常交易行为其没有合理解释，或者解释很难成立，那么就可以推定内幕交易罪成立。这个推定和公务员说不清楚巨额财产来源相类似，结果就是推定犯有巨额财产来源不明罪。

刑事案件中的有罪推定不是可以随意进行的，必须要有法律依据。根据《最高人民法院　最高人民检察院关于办理内幕交易、泄露内幕信息刑事案件具体应用法律若干问题的解释》第 3 条，对“相关交易行为明显异常”，要从时间吻合程度、交易背离程度和利益关联程度来进行认定。只有在符合交易时间是在知悉内幕信息之后、交易行为背离了原有习惯做法、利益关系是和知情人员有过联系这些情形的条件下，如果行为人无法作出合理的解释，法院才可以从异常交易行为中推定行为人是知道内幕信息后从事交易的，属于情节严重，构成犯罪了。司法解释之所以规定可以进行有罪推定，其实也是因为这种犯罪行为确实非常隐秘，靠正常的证据收集和举证方式几乎无法起到打击犯罪的作用。

所以，内幕交易案件中只要行为人不承认知道内幕信息就不会被认定有罪的说法其实是一种误解。因为即使无法认定获取内幕信息行为，也能从异常交易行为推定内幕交易罪的成立。也就是说，认定内幕交易罪不需要被告人的口供。

常见问题

1. 只是泄露了上市公司的内幕信息，没有参与买卖交易的行为会构成犯罪吗?

答：法律确定的内幕信息知情人员在获取内幕信息后，无论是暗示还是明示，只要故意泄露给别人，且泄露内幕信息的结果达到情节严重的程度，即使没有参与交易，行为人也会构成泄露内幕信息罪。

2. 行为人利用内幕信息交易后亏损，是否还构成犯罪？

答：一般情况下，行为人只要利用内幕信息进行交易，证券成交金额在200万元以上，属于情节严重，即使交易结果是亏损的，交易没有盈利，属于没有非法所得，其行为仍构成内幕交易罪，要承担刑事责任。

3. 根据法律不属于内幕信息知情人员，但交易行为异常，是否成立内幕交易罪？

答：在内幕信息敏感期间内，虽然不是内幕信息知情人员，但是与知情人员接触后有过相关异常交易行为，即使行为人不承认利用内幕信息交易，如果没有正当理由解释异常行为，根据《最高人民法院　最高人民检察院关于办理内幕交易、泄露内幕信息刑事案件具体应用法律若干问题的解释》，也会被推定犯有内幕交易罪。

罪名解读

一、犯罪行为

内幕交易、泄露内幕信息罪，根据《刑法》第180条第1款的规定是指，证券、期货交易内幕信息的知情人员或者非法获取证券、期货交易内幕信息的人员，在涉及证券的发行，证券、期货交易或者其他对证券、期货交易价格有重大影响的信息尚未公开前，买入或者卖出该证券，或者从事与该内幕信息有关的期货交易，或者泄露该信息，或者明示、暗示他人从事上述交易活动，情节严重的行为。

本罪的主体可以是单位。

行为人利用内幕信息，直接参与证券、期货买卖，即行为人在涉及证券发行，证券、期货交易或者其他对证券、期货交易价格有重大影响的信息正式公开前，本人利用自己所处的特殊位置而获悉的内幕信息，掌握有利的条件和时机，进行证券、期货的买入或卖出，从而使自己从中获利或减少损失。

行为人故意泄露内幕信息，即行为人在涉及证券发行，证券、期货交易或者其他对证券、期货交易价格有重大影响的信息正式公开前，将自己所知的内幕信息以明示或者暗示的方式透露、提供给与公司没有关系的第三人。

本罪在主观方面只能以故意构成，过失不构成本罪。根据《最高人民法院　最高人民检察院关于办理内幕交易、泄露内幕信息刑事案件具体应用法律若干问题的解释》第 4 条，不属于从事与内幕信息有关的证券、期货交易的情形有：（1）持有或者通过协议、其他安排与他人共同持有上市公司 5% 以上股份的自然人、法人或者其他组织收购该上市公司股份的；（2）按照事先订立的书面合同、指令、计划从事相关证券、期货交易的；（3）依据已被他人披露的信息而交易的；（4）交易具有其他正当理由或者正当信息来源的。

内幕信息和知情人员范围根据《刑法》第180条第3款规定依照法律、行政法规的规定确定。本罪涉及内幕信息、内幕信息知情人员、内幕信息敏感期、交易异常行为四个方面的认定。

内幕信息是指，内幕人员所知悉的、尚未公开的并对证券的发行，证券、期货交易或者价格有重大影响的信息。根据《证券法》第52条的规定，证券交易活动中，涉及发行人的经营、财务或者对该发行人证券的市场价格有重大影响的尚未公开的信息，为内幕信息。《证券法》第81条第2款所列的重大事件属于内幕信息，包括：（1）公司股权结构或者生产经营状况发生重大变化；（2）公司债券信用评级发生变化；（3）公司重大资产抵押、质押、出售、转让、报废；（4）公司发生未能清偿到期债务的情况；（5）公司新增借款或者对外提供担保超过上年末净资产的20%；（6）公司放弃债权或者财产超过上年末净资产的10%；（7）公司发生超过上年末净资产10%的重大损失；（8）公司分配股利，作出减资、合并、分立、解散及申请破产的决定，或者依法进入破产程序、被责令关闭；（9）涉及公司的重大诉讼、仲裁；（10）公司涉嫌犯罪被依法立案调查，公司的控股股东、实际控制人、董事、监事、高级管理人员涉嫌犯罪被依法采取强制措施；（11）国务院证券监督管理机构规定的其他事项。

《证券法》第82条所列的其他相关的信息也属于内幕信息，包括：发行人的董事、高级管理人员应当对证券发行文件和定期报告签署的书面确认意见。发行人的监事会应当对董事会编制的证券发行文件和定期报告进行审核并提出的书面审核意见。监事应当签署的书面确认意见。董事、监事和高级管理人员无法保证证券发行文件和定期报告内容的真实性、准确性、完整性或者有异议的书面确认意见。

内幕信息知情人员的范围根据《证券法》第 51 条的规定包括:（1）发行人及其董事、监事、高级管理人员;（2）持有公司 5% 以上股份的股东及其董事、监事、高级管理人员，公司的实际控制人及其董事、监事、高级管理人员;（3）发行人控股或者实际控制的公司及其董事、监事、高级管理人员;（4）由于所任公司职务或者因与公司业务往来可以获取公司有关内幕信息的人员;（5）上市公司收购人或者重大资产交易方及其控股股东、实际控制人、董事、监事和高级管理人员;（6）因职务、工作可以获取内幕信息的证券交易场所、证券公司、证券登记结算机构、证券服务机构的有关人员;（7）因职责、工作可以获取内幕信息的证券监督管理机构工作人员;（8）因法定职责对证券的发行、交易或者对上市公司及其收购、重大资产交易进行管理可以获取内幕信息的有关主管部门、监管机构的工作人员;（9）国务院证券监督管理机构规定的可以获取内幕信息的其他人员。

根据《最高人民法院　最高人民检察院关于办理内幕交易、泄露内幕信息刑事案件具体应用法律若干问题的解释》第 2 条，具有下列行为的人员应当认定为“非法获取证券、期货交易内幕信息的人员”：（1）利用窃取、骗取、套取、窃听、利诱、刺探或者私下交易等手段获取内幕信息的；（2）内幕信息知情人员的近亲属或者其他与内幕信息知情人员关系密切的人员，在内幕信息敏感期内，从事或者明示、暗示他人从事，或者泄露内幕信息导致他人从事与该内幕信息有关的证券、期货交易，相关交易行为明显异常，且无正当理由或者正当信息来源的；（3）在内幕信息敏感期内，与内幕信息知情人员联络、接触，从事或者明示、暗示他人从事，或者泄露内幕信息导致他人从事与该内幕信息有关的证券、期货交易，相关交易行为明显异常，且无正当理由或者正当信息来源的。

内幕信息敏感期，根据《最高人民法院　最高人民检察院关于办理内幕交易、泄露内幕信息刑事案件具体应用法律若干问题的解释》第5条，是指内幕信息形成至公开的期间。影响内幕信息形成的动议、筹划、决策或者执行初始时间是形成时间，内幕信息在国务院证券、期货监督管理机构指定的报刊、网站等媒体披露的时间是公开时间，期间属于内幕信息敏感期。

交易异常行为，根据《最高人民法院　最高人民检察院关于办理内幕交易、泄露内幕信息刑事案件具体应用法律若干问题的解释》第3条，要综合以下情形，从时间吻合程度、交易背离程度和利益关联程度等方面予以认定：（1）开户、销户、激活资金账户或者指定交易（托管）、撤销指定交易（转托管）的时间与该内幕信息形成、变化、公开时间基本一致的；（2）资金变化与该内幕信息形成、变化、公开时间基本一致的；（3）买入或者卖出与内幕信息有关的证券、期货合约时间与内幕信息的形成、变化和公开时间基本一致的；（4）买入或者卖出与内幕信息有关的证券、期货合约时间与获悉内幕信息的时间基本一致的；（5）买入或者卖出证券、期货合约行为明显与平时交易习惯不同的；（6）买入或者卖出证券、期货合约行为，或者集中持有证券、期货合约行为与该证券、期货公开信息反映的基本面明显背离的；（7）账户交易资金进出与该内幕信息知情人员或者非法获取人员有关联或者利害关系的；（8）其他交易行为明显异常情形。

二、立案标准

《最高人民检察院　公安部关于公安机关管辖的刑事案件立案追诉标准的规定（二）》第30条〔内幕交易、泄露内幕信息案（《刑法》第180条第1款）〕规定，证券、期货交易内幕信息的知情人员、单位或者非法获取证券、期货交易内幕信息的人员、单位，在涉及证券的发行，证券、期货交易或者其他对证券、期货交易价格有重大影响的信息尚未公开前，买入或者卖出该证券，或者从事与该内幕信息有关的期货交易，或者泄露该信息，或者明示、暗示他人从事上述交易活动，涉嫌下列情形之一的，应予立案追诉：（1）获利或者避免损失数额在50万元以上的；（2）证券交易成交额在200万元以上的；（3）期货交易占用保证金数额在100万元以上的；（4）二年内三次以上实施内幕交易、泄露内幕信息行为的；（5）明示、暗示三人以上从事与内幕信息相关的证券、期货交易活动的；（6）具有其他严重情节的。

内幕交易获利或者避免损失数额在25万元以上，或者证券交易成交额在100万元以上，或者期货交易占用保证金数额在50万元以上，同时涉嫌下列情形之一的，应予立案追诉：（1）证券法规定的证券交易内幕信息的知情人实施或者与他人共同实施内幕交易行为的；（2）以出售或者变相出售内幕信息等方式，明示、暗示他人从事与该内幕信息相关的交易活动的；（3）因证券、期货犯罪行为受过刑事追究的；（4）二年内因证券、期货违法行为受过行政处罚的；（5）造成其他严重后果的。

三、量刑幅度

实施内幕交易、泄露内幕信息行为，符合上述立案追诉标准的，属于情节严重，处五年以下有期徒刑或者拘役，并处或单处违法所得一倍以上五倍以下罚金。

符合《最高人民法院　最高人民检察院关于办理内幕交易、泄露内幕信息刑事案件具体应用法律若干问题的解释》第7条规定情形，属于情节特别严重，处五年以上十年以下有期徒刑，并处违法所得一倍以上五倍以下罚金。

《最高人民法院 最高人民检察院关于办理内幕交易、泄露内幕信息刑事案件具体应用法律若干问题的解释》第7条规定，在内幕信息敏感期内从事或者明示、暗示他人从事或者泄露内幕信息导致他人从事与该内幕信息有关的证券、期货交易，具有下列情形之一的，应当认定为《刑法》第180条第1款规定的“情节特别严重”：（1）证券交易成交额在250万元以上的；（2）期货交易占用保证金数额在150万元以上的；（3）获利或者避免损失数额在75万元以上的；（4）具有其他特别严重情节的。

单位犯本罪的，对单位判处罚金，并对其直接负责的主管人员和其他直接责任人员，处五年以下有期徒刑或者拘役。

精选裁判

一、余某某内幕交易案[1]

某某股份公司对云南公司增资扩股项目磋商期间，余某某利用为某某股份公司安装移动无线局域网的机会，进入该股份

1. 广东省开平市人民法院（2014）江开法刑初字第546号刑事判决书。

公司副总经理陈某奇（另案处理）的办公室，看到了某某股份公司拟对云南公司增资控股的相关文件。在知道内幕信息之后，余某某多次联系副总经理陈某奇了解动向。

余某某利用所获取的某某股份公司内幕信息，亏损卖出自己原来持有的股票套现，然后在2012年8月2日、3日使用其母亲余某琼在广发证券股份有限公司开平营业部开设的账户，连续买入某某股份公司的股票累计20.91万股，累计买入金额741571元。8月10日，某某股份公司向外公开披露增资控股的信息。到了8月17日，余某某将某某股份公司的股票全部卖出，成交金额为1111583元，获利367505.9元。在8月22日，余某某将该买股票的账户销户。

经中国证监会认定：某某股份公司拟出资对云南公司增资扩股的事项在公开披露前属《证券法》规定的内幕信息，内幕信息敏感期是2012年7月6日至2012年8月10日。

法院认为，余某某无视国家法律，利用窃取、刺探等非法手段获取内幕信息，在内幕信息敏感期内违法交易相关证券，获取高额利润，情节严重，其行为已构成内幕交易罪。

法院判决：余某某犯内幕交易罪，判处拘役五个月，缓刑六个月，并处罚金37万元。

二、蔡某某内幕交易案[1]

2016年6月22日，蔡某某与福建浔兴拉链科技股份有限公司总裁施某在厦门洽谈，施某告知蔡某某想要转让浔兴股份控股权。之后，蔡某某帮施某找到有意愿收购方王某。

2016年10月24日，经蔡某某撮合安排，施某、王某等人在上海商谈关于股权转让的事项，达成进一步接触意向。之后经蔡某某安排，王某和施某又进行了进一步商谈。在2016年10月28日，蔡某某与施某、王某等人在晋江市见面，进一步商谈股权转让细节，最终达成一致意见，并签订了《福建浔兴集团有限公司与王某之股权转让框架协议》。

2016年10月31日，福建浔兴拉链科技股份有限公司发布《关于重大事项停牌的公告》，称公司因筹划控股权转让事项，公司股票自2016年10月31日上午开市起停牌。蔡某某参与浔兴股份控股权转让事项的全过程，知道内幕信息。内幕信息形成于2016年6月22日，公开于同年10月31日。蔡某某在内幕信息敏感期内，于2016年10月27日通过其本人在广发证券的证券交易账户，下单买入"浔兴股份"股票7万股，成交金额人民币90.01万元，于2016年11月14日股票

1. 福建省厦门市思明区人民法院（2019）闽0203刑初283号刑事判决书。

复牌当日全部卖出，成交金额人民币97.65万元，获利人民币75060.58元。

蔡某某因上述内幕交易行为于2017年10月10日被中国证监会厦门证监局行政处罚，被没收违法所得人民币75060.58元、罚款人民币225181.74元。蔡某某于2017年10月20日将上述违法所得及罚款上缴中国证监会。2018年9月3日，蔡某某主动到厦门市公安局投案，并如实供述了上述事实。

法院认为，蔡某某利用撮合股权转让的机会获取的内幕交易信息进行内幕交易，构成内幕交易罪，因其投案自首，从轻处罚。

法院判决：蔡某某犯内幕交易罪，判处有期徒刑九个月，缓刑一年，并处罚金人民币15万元。

三、林某、苏某某泄露内幕信息案[1]

2014年底，有中介机构向华贸物流（A股上市，股票代码：603128）的林某推荐了并购重组目标公司中特物流。2015年1月31日，在董事会秘书林某陪同下，中特物流董事兼总经理戴某某、金某赴上海对华贸物流进行重组考察。之后，华

1. 湖南省长沙市天心区人民法院（2021）湘0103刑初24号刑事判决书。

贸物流与中特物流就重组事宜进行多次沟通，双方互换资料，都有合作意向，并逐步开始推进重组事项。林某参加全过程沟通，知道内幕信息。

同年3月20日，华贸物流、中特物流和中介机构的相关人员在北京北大博雅国际酒店举行见面会，双方都明确表示了与对方进行重组意愿，并达成初步重组意向。林某作为中特物流财务总监参加了会谈。7月21日，华贸物流发布股票停牌公告。停牌期间，华贸物流发布了关于发行股份并收购中特物流的相关公告。

该内幕信息形成时间不晚于2015年1月31日，公开时间不早于2015年7月21日。林某参与了上述重组有关事项，是内幕信息知情人，在内幕信息敏感期内，林某向苏某某泄露中特物流并购重组内幕消息。

苏某某获悉该内幕交易后利用自己和“谭某斯”两个股票账户买入华贸物流股票，累计买入华贸物流股票225800股，成交金额人民币2632411元，复牌后陆续卖出，合计亏损166288.25元。林某利用掌握的内幕信息，在内幕信息敏感期内通过本人股票账户累计买入华贸物流股票29800股，成交金额307968元，复牌后陆续卖出，合计盈利只有29705元。

法院认为，林某是内幕信息知情人，在内幕信息敏感期内泄露信息给他人，明示他人进行股票交易，情节特别严重，其行为应当以泄露内幕信息罪追究其刑事责任。

法院判决：林某犯泄露内幕信息罪，判处有期徒刑二年，缓刑三年，并处罚金 3 万元。苏某某犯内幕交易罪，判处有期徒刑二年，缓刑三年，并处罚金 1 万元。

四、广某某内幕交易案[1]

2012 年 10 月 29 日，深圳市英唐智控全资孙公司英唐香港与泰国 Intech Thai Technology 公司签署《“泰国教育平板”合作协议》。根据合作协议，Intech Thai Technology 公司在协议两年内向英唐香港采购总价值 6850 万美元的平板电脑。签约后合同未有实质性进展，2013 年 12 月 25 日上午，英唐智控董事会秘书刘某致电英唐智控持续督导保荐代表人王某安，要求出具终止英唐智控与 Intech Thai Technology 公司上述合作的核查意见。同日上午，王某安电话通知英唐智控持续督导专员董某超，要求董某超起草终止上述协议的核查意见。2013 年 12 月 28 日，董某超将核查意见通过电子邮件发送给王某安及广某某。

2013 年 12 月 31 日，英唐智控发布关于终止英唐香港与泰国 Intech Thai Technology 公司合作及泰国重大合同进展情况的公告。中国证监会认定该事项属于内幕信息，内幕信息敏感期为 2013 年 12 月 23 日至 2013 年 12 月 31 日，广某某时

1. 广东省高级人民法院（2018）粤刑终 1315 号刑事裁定书。

任华某某证券公司投资银行部副总监、英唐智控IPO和持续督导保荐代表人，为法定内幕信息知情人，不晚于2013年12月25日知悉上述内幕信息。

2009年5月，广某某介绍谭某（另案处理）等人以“李某平”名义入股英唐智控。2013年12月26日、27日，广某某通过帮助联系大宗交易的方式，指导谭某减持“李某平”证券账户中英唐智控股票300万股（每天减持150万股，成交价格分别为8.24元/股、8.41元/股），卖出金额计人民币24975000元；2013年12月30日，广某某通过电话委托方式帮助谭某卖出“李某平”证券账户所持的英唐智控股票计1395717股，卖出价格为当天涨停价9.58元/股，卖出金额计人民币13330856元；成交金额计人民币38305856元。

法院认为，广某某的行为是否构成内幕交易罪的关键在于判断广某某帮助谭某抛售英唐智控股票的行为是否属于“相关交易明显异常”。第一，从时间吻合程度看，广某某于2009年5月介绍谭某以“李某平”名义入股英唐智控，于2013年12月26日至30日通过他人帮助联系大宗交易和电话委托他人抛售的方式为谭某减持“李某平”证券账户中所有的英唐智控股票，广某某帮助谭某减持英唐智控股票的时间与涉案内幕信息敏感期高度吻合。第二，从交易的背离度看，谭某于2009年5月以李某平名义入股英唐智控，英唐智控于2010年10月在创业板上市后，李某平账户所持英唐智控股票已于2011年10月解除限售，但直至2013年12月26日、27日和30日才卖出英唐智控股票，且在三个连续的交易日内全部清空，交易的背离程度明显；从公开信息反映的股票基本面及股价走势看，英唐智控股票在2013年12月26日、27日和30日持续上涨，在12月30日甚至出现涨停，与广某某帮助谭某全部抛售英唐智控股票的行为明显背离。第三，从利益关联度看，谭某减持英唐智控股票后转账2000万元到广某某控制的孙某某账户，广某某也供认其帮助谭某减持英唐智控股票是为了从中获取资金去投资其他股票，谭某抛售股票后也确实在2014年1月借给广某某3000多万元用于投资股票，广某某与交易的资金流向及交易利益紧密相关。综合以上情形，可以认定广某某帮助谭某抛售英唐智控股票的行为属于“相关交易行为明显异常”。

本案中，广某某作为华某某证券公司投资银行部副总监、英唐智控IPO和持续督导保荐代表人，是内幕信息的知情人员，根据《最高人民法院　最高人民检察院关于办理内幕交易、泄露内幕信息刑事案件具体应用法律若干问题的解释》的规定，广某某作为内幕信息的知情人员在内幕信息敏感期内从事与该内幕信息有关的证券交易行为异常，而广某某无法合理解释交易明显异常的原因，广某某的行为构成内幕交易罪。

法院判决：广某某犯内幕交易罪，判处有期徒刑三年，缓刑五年，罚金人民币12万元。

第五章

利用未公开信息交易罪

编者有话

最高人民法院再审明确，利用未公开信息交易罪具有特别严重情节

刑法规定了一个行为构成犯罪，但是在司法实践中，有时会对行为性质、危害程度产生不同的理解，因为各方都是从不同的角度去看问题的。在这种情况下，最高人民法院会以颁布司法解释的方式进行明确，避免在适用法律的时候产生歧义。但是2014年有一个“老鼠仓”的案子，是通过检察院抗诉启动再审程序，最后由最高人民法院以判决书形式对适用法律进行明确。

这是一起利用未公开信息交易案，基金经理马某负责基金

业务投资股票，他同时用自己的账户进行私下进行交易，累计交易 76 只股票，成交 10.8 亿元，获利 1800 多万元，整个过程就是利用自己作为基金经理所掌握的投资信息来完成的。案发后他逃到国外，之后又回来自首。深圳市中级人民法院一审判决马某犯有利用未公开信息交易罪，判处有期徒刑三年，缓刑五年，没收违法所得 1800 多万元，罚金 1800 多万元。

这个案件中，马某利用未公开信息交易数额超过 10 个亿，在当时属于最大的案值了，但是马某最终被判缓刑，没有判实刑。深圳市人民检察院向广东省高级人民法院提起抗诉，认为法院量刑太轻了，可是广东省高级人民法院裁定驳回抗诉，维持原判。为什么？因为法院认为刑法对利用未公开信息交易罪只规定了情节严重一档量刑情节，没有规定情节特别严重这一档。《刑法》第 180 条第 4 款规定，证券交易所、期货交易所等金融机构从业人员以及有关监管部门或者行业协会的工作人员，利用未公开信息交易，情节严重的，依照第 1 款的规定处罚。再根据第 180 条第 1 款的规定，犯罪行为情节严重的，处五年以下有期徒刑或者拘役，并处或者单处违法所得一倍以上五倍以下罚金。刑法明文规定了利用未公开信息交易罪“情节严重”一档量刑情节，所以要严格按照罪行法定的原则，不能超越刑法的规定。因此，法院判决是依法判决。也就是说，如果觉得对马某判轻了，那也是因为刑法的处罚规定轻了，不是法院适用法律的问题，而是法律本身存在问题。

利用未公开信息交易罪，情节严重，根据刑法的规定，最高量刑是五年以下有期徒刑，不能超过五年。因为马某自首，依法可以从轻处理，其又返还非法所得并缴纳罚款，所以法院判处有期徒刑三年，缓刑五年，都在量刑幅度以内，没有明显轻判。为此，广东省高级人民法院二审裁定维持原判决。

2014年12月8日，最高人民检察院以高检审刑抗〔2014〕1号刑事抗诉书向最高人民法院提出抗诉。这一年已经到年底了，从抗诉书字号来看，这个抗诉案件还是第1号，说明最高人民检察院向最高人民法院抗诉的案件少之又少。

看起来案件重大，但是案情不复杂，事实很清楚，马某也认罪。争议的焦点就是检察院认为处罚太轻，而法院认为判决合法，原因就出在刑法条文的规定上。根据刑法规定，利用未公开信息交易罪情节严重的按照内幕交易、泄露内幕信息罪情节严重的档次处五年以下有期徒刑，并处或单处罚金。但是，内幕交易、泄露内幕信息罪还有情节特别严重这一档次，处以五年以上十年以下有期徒刑，并处罚金。刑法条文文字很少，都是非常精炼语句，有时不同的人理解就会不同。

法院和检察院就产生了不同理解，法院认为刑法明确规定利用未公开信息罪的处罚只有一个档次，就是情节严重，所以这个情节严重的量刑幅度就是按照内幕交易、泄露内幕信息罪情节严重的档次，处五年以下有期徒刑和罚金。法律没有规定情节特别严重的档次，就不能按照内幕交易、泄露内幕交易罪情节特别严重档次处五年以上十年以下有期徒刑，这是严格按照刑法条文明文规定判决的。

但是检察院认为，刑法规定利用未公开信息交易行为情节严重的构成犯罪，应该按照内幕交易、泄露内幕信息罪的两个量刑档次处理，不能只参照一个情节严重的量刑档次。而且本罪的违法和责任程度与内幕交易、泄露内幕信息罪相当。所以利用未公开信息交易罪也应有情节严重和特别严重两种情形，刑法只是用“情节严重”的文字进行了概括表达，没有列出情节严重和情节特别严重两种情形而已。

法院和检察院为了法律适用产生不同意见，以至于启动抗诉程序很少见，特别是最高人民检察院向最高人民法院提起抗诉，通过再审判决来解释刑法规定，以指导案例的形式发布给下级检察院和法院，作为办案指引。那么利用未公开信息交易罪到底有没有情节特别严重的情形，如果有情节特别严重情形，为什么在制定刑法规定的时候不写清楚，而只写了“情节严重”？按照一般人的认识，如果一个犯罪有情节严重的情形，那么就会存在超出情节严重的情形，出现特别严重的情形。如果没有情节特别严重情形，那么这种规定只是罪与非罪的界限，就像醉驾一样，只要实施醉酒超过一定程度后开车就构成危险驾驶罪，危险驾驶罪的情节则没有严重和特别严重的区分，都是要承担刑事责任的。所以，最高人民法院通过再审判决帮助法律人理解这个法律规定，这比法学家讲解要更生动。

最高人民法院经过审理认为，刑法对利用未公开信息交易的行为规定了“情节严重”的标准，这个标准是入罪标准，根据 2010 年《最高人民检察院　公安部关于公安机关管辖的刑事案件立案追诉标准的规定（二）》，这也是利用未公开信息交易罪的立案标准，具体是指利用未公开信息交易成交额累计在50万元以上，获利或损失数额在15万元以上，或者多次利用未公开信息进行交易的，达到这样的标准就构成利用未公开信息交易罪，应该被立案追诉。刑法条文中存在大量“情节严重”的规定，此时情节严重不仅是入罪的标准，还是量刑的标准。但利用未公开信息交易“情节严重”的按照内幕交易、泄露内幕信息处罚，这里的情节严重只是定罪的标准，没有量刑的作用。也就是说，利用未公开信息交易活动达到“情节严重”的标准后，要按照内幕交易、泄露内幕信息罪处罚，这里处罚包括情节严重和情节特别严重的两个量刑档次。

最高人民法院认为，在法律已有明确规定的情况下应当适用法律规定，不再适用有利于被告人的原则。所以马某利用未公开信息交易行为情节严重构成犯罪，要按照内幕交易、泄露内幕信息罪处罚，量刑幅度有“情节严重”和“情节特别严重”两个档次。根据《最高人民法院　最高人民检察院关于办理内幕交易、泄露内幕信息刑事案件具体应用法律若干问题的解释》第7条的规定，证券、期货交易成交额在250万元以上，或者获利75万元以上属于内幕交易、泄露内幕信息情节特别严重。所以马某利用未公开信息交易成交额达10.8亿元的行为也应属于情节特别严重，判处缓刑不当，鉴于马某自首、退赃、悔罪，减轻处罚，改判有期徒刑三年，没收违法所得，并处罚金。

最高人民法院对刑法规定的犯罪行为的情节严重情形进行

了分析，让我们感觉学法不如读案，刑法法条是文字，但对文字含义的理解是不一样的，所以要进行权威解释。解释并不是只依靠司法解释，判例解释比起司法解释更加具体和生动。学法律，不能仅仅看法规文字，还要琢磨法规的含义。

常见问题

1. 利用未公开信息交易罪和内幕交易、泄露内幕信息罪主体身份有什么区别？

答：利用未公开信息交易罪的主体是证券交易所、期货交易所、证券公司、期货经纪公司、基金管理公司、商业银行、保险公司等金融机构的从业人员以及有关监管部门和行业协会的工作人员，而内幕信息交易的知情人员主要是上市公司董事、监事、高级管理人员，以及能够接触到这些内幕信息的人员。

2. 利用未公开信息交易罪和内幕交易、泄露内幕信息罪的刑事处罚结果一样吗？

答：《刑法》第180条第4款规定，证券交易所、期货交易所、证券公司、期货经纪公司、基金管理公司、商业银行、保险公司等金融机构的从业人员以及有关监管部门或者行业协会的工作人员，利用因职务便利获取的内幕信息以外的其他未公开的信息，违反规定，从事与该信息相关的证券、期货交易活动，或者明示、暗示他人从事相关交易活动，情节严重的，依照第1款规定的内幕交易、泄露内幕信息罪处罚。所以，利用未公开信息交易罪的量刑幅度和内幕交易、泄露内幕信息罪是一样的，具有情节严重和情节特别严重两个量刑档次，两种罪在违法性和责任上都具有相当性。

3. 认定利用未公开信息交易行为中的趋同交易是指什么？

答：利用未公开信息交易中的趋同交易，是指行为人从事相关交易的证券、期货品种，交易时间与未公开信息所涉证券、期货品种，交易时间等方面一致的比例。只有趋同交易一致的比例较高，同时结合其他行为人职务、交易关联等异常性，才能认定利用未公开信息交易罪成立。

罪名解读

一、犯罪行为

利用未公开信息交易罪，根据《刑法》第180条第4款的规定是指，证券交易所、期货交易所、证券公司、期货经纪公司、基金管理公司、商业银行、保险公司等金融机构的从业人员以及有关监管部门或者行业协会的工作人员，利用因职务便利获取的内幕信息以外的其他未公开的信息，违反规定，从事与该信息相关的证券、期货交易活动，或者明示、暗示他人从事相关交易活动，情节严重的行为。

本罪中“内幕信息以外的其他未公开的信息”，根据《最高人民法院　最高人民检察院关于办理利用未公开信息交易刑事案件适用法律若干问题的解释》第1条包括下列信息：（1）证券、期货的投资决策、交易执行信息；（2）证券持仓数量及变化、资金数量及变化、交易动向信息；（3）其他可能影响证券、期货交易活动的信息。

本罪中行为人“违反规定”，根据《最高人民法院　最高人民检察院关于办理利用未公开信息交易刑事案件适用法律若干问题的解释》第3条，是指违反法律、行政法规、部门规章、全国性行业规范有关证券、期货未公开信息保护的规定，以及行为人所在的金融机构有关信息保密、禁止交易、禁止利益输送等规定。

本罪中行为人“明示、暗示他人从事相关交易活动”，根据《最高人民法院　最高人民检察院关于办理利用未公开信息交易刑事案件适用法律若干问题的解释》第4条，应当综合以下方面进行认定：（1）行为人具有获取未公开信息的职务便利；（2）行为人获取未公开信息的初始时间与他人从事相关交易活动的初始时间具有关联性；（3）行为人与他人之间具有亲友关系、利益关联、交易终端关联等关联关系；（4）他人从事相关交易的证券、期货品种、交易时间与未公开信息所涉证券、期货品种、交易时间等方面基本一致；（5）他人从事的相关交易活动明显不具有符合交易习惯、专业判断等正当理由；（6）行为人对明示、暗示他人从事相关交易活动没有合理解释。

本罪中“违法所得”，根据《最高人民法院　最高人民检察院关于办理利用未公开信息交易刑事案件适用法律若干问题的解释》第9条是指，行为人利用未公开信息从事与该信息相关的证券、期货交易活动所获利益或者避免的损失。被明示、暗示人员从事相关交易活动所获利益或者避免的损失，应当认定为“违法所得”。

二、立案标准

《最高人民检察院　公安部关于公安机关管辖的刑事案件立案追诉标准的规定（二）》第31条〔利用未公开信息交易案（《刑法》第180条第4款）〕规定，证券交易所、期货交易所、证券公司、期货公司、基金管理公司、商业银行、保险公司等金融机构的从业人员以及有关监管部门或者行业协会的工作人员，利用因职务便利获取的内幕信息以外的其他未公开的信息，违反规定，从事与该信息相关的证券、期货交易活动，或者明示、暗示他人从事相关交易活动，涉嫌下列情形之一的，应予立案追诉：（1）获利或者避免损失数额在100万元以上的；（2）二年内三次以上利用未公开信息交易的；（3）明示、暗示三人以上从事相关交易活动的；（4）具有其他严重情节的。

利用未公开信息交易，获利或者避免损失数额在50万元以上，或者证券交易成交额在500万元以上，或者期货交易占用保证金数额在100万元以上，同时涉嫌下列情形之一的，应予立案追诉：（1）以出售或者变相出售未公开信息等方式，明示、暗示他人从事相关交易活动的；（2）因证券、期货犯罪行为受过刑事追究的；（3）二年内因证券、期货违法行为受过行政处罚的；（4）造成其他严重后果的。

三、量刑幅度

行为人实施利用未公开信息交易行为，达到立案追诉标准属于情节严重的，处五年以下有期徒刑或者拘役，并处或者单处违法所得一倍以上五倍以下罚金。行为人如实供述犯罪事实，认罪悔罪，并积极配合调查，退缴违法所得的，可以从轻处罚。

属于情节特别严重的，处五年以上十年以下有期徒刑，并处违法所得一倍以上五倍以下罚金。根据《最高人民法院　最高人民检察院关于办理利用未公开信息交易刑事案件适用法律若干问题的解释》第6条、第7条规定，利用未公开信息交易，违法所得数额在1000万元以上的，应当认定为“情节特别严重”；违法所得数额在500万元以上，或者证券交易成交额在5000万元以上，或者期货交易占用保证金数额在1000万元以上，具有下列情形之一的，应当认定为“情节特别严重”：（1）以出售或者变相出售未公开信息等方式，明示、暗示他人从事相关交易活动的；（2）因证券、期货犯罪行为受过刑事追究的；（3）二年内因证券、期货违法行为受过行政处罚的；（4）造成恶劣社会影响或者其他严重后果的。

精选裁判

一、柳某利用未公开信息交易案[1]

2009年4月至2015年1月，柳某担任泰信基金公司基金经理，管理泰信蓝筹基金，负责该基金的运营和投资决策。2010年12月，姜某某设立云腾公司，2011年3月又设立“云腾一期”私募基金，通过该私募基金从事证券交易。

2009年4月至2013年2月间，姜某某频繁与柳某交流

1. 上海市高级人民法院（2019）沪刑终76号刑事判决书。

股票投资信息。柳某明知姜某某经营股票投资业务，仍将自己管理的泰信蓝筹基金交易股票的未公开信息泄露给姜某某，或使用泰信蓝筹基金的资金买卖姜某某向其推荐的股票，并继续与姜某某交流所交易的特定股票，从而泄露相关股票交易的未公开信息。姜某某则利用从柳某处获取的未公开信息，使用所控制的证券账户进行股票交易。在上述时间段内，姜某某控制的"杨某某""金某""叶某"证券账户及"云腾一期"私募基金证券账户与泰信蓝筹基金账户趋同买入且趋同卖出股票76只，趋同买入金额人民币7.99亿余元，趋同卖出金额6.08亿余元，获利4619万余元。其中，"杨某某"个人证券账户双向趋同交易的股票买入金额1.93亿余元，卖出金额1.56亿余元，获利1708万余元；"金某"个人证券账户双向趋同交易的股票买入金额0.47亿余元，卖出金额0.40亿余元，获利336万余元；"叶某"个人证券账户双向趋同交易的股票买入金额1.35亿余元，卖出金额1.29亿余元，获利1566万余元；"云腾一期"私募基金证券账户双向趋同交易的股票买入金额4.22亿余元，卖出金额2.82亿余元，获利1006万余元。

一审法院认为，柳某违反规定，利用自己担任基金管理公司从业人员职务便利，向姜某某透露基金投资的未公开信息，帮助姜某某从事相关证券交易活动，非法获利4619万余元，情节特别严重，两人的行为均已构成利用未公开信息交易罪，且系共同犯罪。柳某具有自首情节，可依法从轻或者减轻处罚；柳某自愿认罪认罚，退缴部分违法所得；综合上述情节，依法对其减轻处罚。庭审后，姜某某表示认罪，并退缴部分违法所得，具有检举他人犯罪行为的表现，可酌情从轻处罚。

二审法院认为，鉴于二审期间姜某某检举他人犯罪行为，依法构成立功，并退出部分违法所得，柳某亦退出部分违法所得，可依法在一审判决基础上从轻处罚。

二审法院判决：姜某某犯利用未公开信息交易罪，判处有期徒刑五年九个月，并处罚金人民币4000万元。柳某犯利用未公开信息交易罪，判处有期徒刑四年，并处罚金人民币620万元。

二、余某某利用未公开信息交易案[1]

2016年12月至2017年10月，余某某在担任某某公司投资管理部投资总监期间，控制着蔡某、王某等人的6个证券账户。他利用掌握的未公开信息，指令他人用自己控制的6个证券账户先于、同期或稍晚于某某公司证券账户买入或卖出“某某股份”“某某证券”等62只相同的股票，累计交易金额10.26亿余元，非法获利合计156.34万余元。

法院认为，余某某在担任某某公司投资管理部投资总监期间，利用因职务便利获取的未公开信息，从事与该信息相关的

1. 上海市第一中级人民法院（2021）沪01刑初8号刑事判决书。

证券交易活动，累计成交金额10.26亿余元，获利156.34万余元，其行为已构成利用未公开信息交易罪，且属情节严重。根据到案情况，不能认定余某某具有自首情节，但可认定其具有坦白情节。

法院判决：余某某犯利用未公开信息交易罪，判处有期徒刑三年，缓刑五年，并处罚金人民币400万元。

三、李某某利用未公开信息交易案[1]

2012年12月至2017年6月间，李某某先后担任广发基金投资经理、基金经理等职务。2013年7月24日至2013年12月26日，李某某管理公司部分年金产品；2014年12月24日至2016年9月19日，李某某管理广发新经济混合基金；2015年6月13日至2016年9月19日，李某某管理广发小盘成长混合基金。2013年9月至2015年9月，李某某多次将其管理的年金、广发小盘成长混合基金、广发新经济混合基金产品中的多只股票交易信息透露给张某（另案处理），暗示张某交易相应股票。张某使用王某、徐某的个人股票账户，先于或同期于广发基金进行交易，趋同交易股票数20余只。

2017年6月5日，李某某被公安机关抓获。

---

1. 重庆市高级人民法院（2020）渝刑终108号刑事裁定书。

法院认为，李某某利用因其职务便利获取的未公开信息，暗示他人从事与该信息相关的证券交易活动，情节严重，其行为构成利用未公开信息交易罪。鉴于本案尚未造成严重后果，且李某某与涉案账户之间无利益关联，其主观恶性较小，依法对其免予刑事处罚。

关于辩护人提出交流的信息不属于“未公开信息”，以趋同率作为证据对其定罪错误，其行为不构成犯罪的意见，经查，李某某有明示或暗示张某从事相关交易活动的行为；李某某管理广发基金期间，即2013年7月至2016年9月，张某控制的股票账户与李某某相关交易指令趋同股票数占比44.44%到71.43%不等，趋同金额占比48.16%到63.16%不等，且趋同度明显高于李某某未管理广发基金期间。故根据时间的跨度、趋同交易股票的数量、金额、占比，结合张某的证言、李某某的供述，足以认定李某某的行为构成利用未公开信息交易罪。

法院判决：李某某构成利用未公开信息交易罪。鉴于本案尚未造成严重后果，且李某某与涉案账户之间无利益关联，其主观恶性较小，依法对其免予刑事处罚。

第六章

背信损害上市公司利益罪

编者有话

上市公司董事长挪用资金被判背信损害上市公司利益罪

上市公司其实应该叫作公众公司，因为公司的利益是属于众多股东的，股东人数众多，通过选举董事代表自己的利益参与管理。董事会选举董事长和总经理直接负责公司经营管理，所以，公司受董事长、总经理和高级管理人员等少数人控制。我们说上市公司董事、监事、高级管理人员才是公司真正的看家人，股东只是幕后的利益人。股东出于信任委托董事、监事、高级管理人员进行管理，但是为了防止这些看家人监守自盗，国家制定法律，规定他们对股东负有忠实义务。

刑法没有对董事、监事、高级管理人员的忠实义务进行定义，根据公司法的规定，上市公司董事、监事、高级管理人员等要忠实于公司，当自己的利益与公司利益发生冲突的时候，应该以公司的利益为重，防止公司利益减损。董事、监事、高级管理人员是不是履行了忠实义务，不仅仅是看嘴上说的，还要看他们在自己利益和公司利益发生冲突时是不是这样做的。

现在，有的上市公司的董事长利用职权挪用公司资金，还有的控股股东故意占用上市公司资金，这种现象屡禁不绝。此类行为违反法律规定和公司章程，可能会构成背信损害上市公司利益罪。这个罪名是刑法修正案增设的，专门针对那些违背忠实义务的上市公司高管违法挪用、占用资金，以及其他严重损害上市公司利益的行为。

秦某是某上市公司董事长，也是公司的实际控制人。该上市公司主营业务是提供技术服务。公司的股东中有大股东是法人股东，也受秦某控制。2015 年 11 月，秦某用该上市公司的名义向中安融金借了 4000 万元，签了借款协议。担保方就是实际控制人秦某个人和其控制的法人股东。看上去是公司借钱，股东进行担保，可是最后借的钱没有进公司的账户，反而进了法人股东的账户。

按常理来说，谁出面借钱，钱就给谁，秦某这种做法很奇怪。上市公司借钱的流程要合规，不能由董事长秦某一个人决定，根据公司法和该上市公司章程，超过 500 万元的借款需要股东大会审议，可是秦某没履行这样的审批流程，他利用自己董事长的职权，直接决定公司签署《借款协议》，然后又操控公司和法人股东签了一份《委托收付资金协议》，目的就是让公司出面借钱后，委托法人股东代收借款。就这样该上市公司出面借款4000万元，实际上是给了法人股东。法人股东的实际控制人是秦某，资金又被秦某使用了。

出借资金的公司不是金融机构，不能从事发放贷款金融业务，但这对于秦某来说无关紧要，只要能用公司的名义把4000万元借到自己的手上就行。借款期限到了以后，因为逾期不能偿还，出借方就把该上市公司告上了法庭，冻结了公司的资金账户。这样一来，该上市公司资金不能进出，银行融资和项目投标都无法正常进行，公司其他股东发现了这个问题，立即向公安机关报案。

一审判决秦某利用职务便利挪用了上市公司的借款，犯有挪用资金罪。但是秦某不承认自己挪用了公司4000万元资金，公司实际没有借款，也没有损失，这些钱是法人股东实际借用。所以，判决生效后，秦某申请再审改判无罪。

法院再审后认为，秦某的行为确实不构成挪用资金罪，但是他也并非无罪。他利用董事长职务，操控公司借款4000万元，没有按照公司章程规定进行讨论表决，虚假借贷资金，不进行公开披露，不仅使得公司被证监会调查和处罚，同时还让公司涉及多项民事诉讼、公司账户被查封冻结，为处理涉诉事务支付了大额费用。这反映出秦某作为上市公司董事长不仅没有维护公司的利益，反而故意违反公司的规定，违反了忠实义务。

上市公司董事长秦某违反忠实义务造成其任职的上市公司的重大损失，根据《最高人民检察院 公安部关于公安机关管辖的刑事案件立案追诉标准的规定（二）》，上市公司董事、监事、高级管理人员实施损害上市公司利益的行为，致使上市公司直接经济损失数额在150万元以上的，应该立案追诉。秦某损害其任职的上市公司利益的行为造成的直接损失已经明显超过了这一数额，所以构成了背信损害上市公司利益罪，最后秦某被改判为有期徒刑二年十个月，缓刑三年。

本案中，上市公司董事长挪用资金行为构成了背信损害上市公司利益罪。从这个案件中，我们可以看出，如果是上市公司的董事、监事、高级管理人员利用职务挪用公司资金，同样一个行为有可能同时触犯挪用资金罪和背信损害上市公司利益罪。这是两个不同的罪名，当发生这种法条竞合问题的时候，法院就会选择认定为背信损害上市公司利益罪，因为相比之下，背信损害上市公司利益罪处罚更重。但当挪用资金的行为不构成挪用资金罪的时候，也并不等于其不构成犯罪，因为从犯罪行为构成来看，上市公司董事、监事、高级管理人员违反忠实义务造成上市公司直接损失超过150万元，已经构成了背信损害上市公司利益罪，这和挪用资金多少已经没有直接关系了。

常见问题

1. 背信损害上市公司利益罪主要包括哪些违法行为？

答：背信损害上市公司利益罪主要是指上市公司董事、监事、高级管理人员利用职权违反上市公司管理制度，擅自决定对外无偿提供财物和服务，以明显不公平价格交易、违规为他人进行担保、无故放弃债权承担债务等损害上市公司利益，造成上市公司直接损失超过150万元的行为。

2. 不是上市公司董事、监事、高级管理人员的其他员工会构成背信损害上市公司利益罪吗？

答：背信损害上市公司利益罪的主体多数是上市公司董事、监事、高级管理人员，他们可以利用职务便利违反忠实义务损害上市公司利益。在上市公司董事、监事、高级管理人员损害上市公司利益的过程中，其他员工明知不符合规定，仍然参与实施，起到帮助作用的，是同案犯，属于从犯，也会构成背信损害上市公司利益罪。

3. 如何判断上市公司董事、监事、高级管理人员违背忠实义务？

答：上市公司董事、监事、高级管理人员应当遵守上市公司管理规则和公司章程的规定，在自己利益和公司利益发生冲突的时候，不能损害公司利益。遵守上市公司管理规则和章程是董事、监事、高级管理人员履行忠实义务的表现。如果无视规章制度，故意违反管理制度和流程，就是违背忠实义务。

罪名解读

一、犯罪行为

背信损害上市公司利益罪，根据《刑法》第169条之一的规定，是指上市公司的董事、监事、高级管理人员违背对公司的忠实义务，利用职务便利，操纵上市公司从事下列行为之一，致使上市公司利益遭受重大损失的行为：（1）无偿向其他单位或者个人提供资金、商品、服务或者其他资产的；（2）以明显不公平的条件，提供或者接受资金、商品、服务或者其他资产的；（3）向明显不具有清偿能力的单位或者个人提供资金、商品、服务或者其他资产的；（4）为明显不具有清偿能力的单位或者个人提供担保，或者无正当理由为其他单位或者个人提供担保的；（5）无正当理由放弃债权、承担债务的；（6）采用其他方式损害上市公司利益的。

上市公司的控股股东或者实际控制人，指使上市公司董事、监事、高级管理人员实施背信损害上市公司利益行为的，依照本罪处罚。上市公司的控股股东或者实际控制人是单位的，构成单位犯罪。

背信行为是指行为人破坏与其任职的上市公司之间的信任关系，违背对公司的忠实义务，违反了法律规定，从事了非法活动，致使上市公司损失严重的行为。在主观方面表现为故意，即行为人明知自己实施的是背信行为，会使上市公司遭受财产损害的后果，但希望或者放任这种结果的发生。在客观方面表现为上市公司的董事、监事、高级管理人员违背对公司的忠实义务，利用职务便利，通过操纵上市公司从事不正当、不公平的关联交易等非法手段，致使上市公司利益遭受重大损失的行为。根据《公司法》第 148 条的规定其行为包括：（1）挪用公司资金；（2）将公司资金以某个人名义或者以其他个人名义开立账户存储；（3）违反公司章程的规定，未经股东会、股东大会或者董事会同意，将公司资金借贷给他人或者以公司财产为他人提供担保；（4）违反公司章程的规定或者未经股东会、股东大会同意，与本人公司订立或者进行交易；（5）未经股东会股东大会同意，利用职务便利为自己或者他人谋取属于公司的商业机会，自营或者为他人经营与所任职公司同类的业务；（6）接受他人与公司交易的佣金归为己有；（7）擅自披露公司秘密；（8）违反对公司忠实义务的其他行为。

行为人违反上市公司高管义务的行为造成严重后果，同时构成背信损害上市公司利益罪和其他罪的，适用处罚较重的罪。

二、立案标准

《最高人民检察院　公安部关于公安机关管辖的刑事案件立案追诉标准的规定（二）》第13条〔背信损害上市公司利益案（《刑法》第169条之一）〕规定，上市公司的董事、监事、高级管理人员违背对公司的忠实义务，利用职务便利，操纵上市公司从事损害上市公司利益的行为，以及上市公司的控股股东或者实际控制人，指使上市公司董事、监事、高级管理人员实施损害上市公司利益的行为，涉嫌下列情形之一的，应予立案追诉：（1）无偿向其他单位或者个人提供资金、商品、服务或者其他资产，致使上市公司直接经济损失数额在150万元以上的；（2）以明显不公平的条件，提供或者接受资金、商品、服务或者其他资产，致使上市公司直接经济损失数额在150万元以上的；（3）向明显不具有清偿能力的单位或者个人提供资金、商品、服务或者其他资产，致使上市公司直接经济损失数额在150万元以上的；（4）为明显不具有清偿能力的单位或者个人提供担保，或者无正当理由为其他单位或者个人提供担保，致使上市公司直接经济损失数额在150万元以上的；（5）无正当理由放弃债权、承担债务，致使上市公司直接经济损失数额在150万元以上的；（6）致使公司、企业发行的股票或者公司、企业债券、存托凭证或者国务院依法认定的其他证券被终止上市交易的；（7）其他致使上市公司利益遭受重大损失的情形。

三、量刑幅度

实施背信损害上市公司利益行为，致使上市公司利益遭受重大损失的，处三年以下有期徒刑或者拘役，并处或者单处罚金；致使上市公司利益遭受特别重大损失的，处三年以上七年以下有期徒刑，并处罚金。上市公司的控股股东或者实际控制人是单位的，对单位判处罚金，并对其直接负责的主管人员和其他直接责任人员，依照本罪处罚。

精选裁判

一、多伦公司董事长鲜某背信损害上市公司利益案[1]

1993年12月，福建豪盛（多伦公司前身）在上海证券交易所上市。2012年5月左右，鲜某收购了李某某持有的多伦

1. 上海市高级人民法院（2019）沪刑终110号刑事判决书。

公司11.75%股权计4000万股。2012年11月，上市公司多伦公司及子公司汉通公司的法定代表人均变更为鲜某。

2013年7月至2015年2月，鲜某利用法定代表人及实际控制人的职务便利，为粉饰上市公司业绩，利用控股子公司汉通公司的荆门楚天城项目，制作虚假的资金支付申请与审批表等，以支付工程款和往来款名义，将汉通公司资金划转至该公司实际控制人林某某个人账户和荆门楚天城项目部账户，再通过上述账户划转至自己实际控制的多个公司和个人账户内，转出资金循环累计人民币1.2亿余元。其中，2360万元被鲜某用于理财、买卖股票等，至案发尚未归还，且部分资金已被结转至开发成本。

经查，二审期间，鲜某在其辩护人见证下自愿签署了《认罪认罚具结书》，在庭审中表示愿意接受刑罚处罚，并由家属代其缴纳了全部罚金1180万元及退缴了部分违法所得500万元。

二审法院认为，鲜某作为上市公司的董事长、实际控制人，违背对公司的忠实义务，利用职务便利，将上市公司资金用于个人营利活动，致使上市公司遭受重大损失，其行为已构成背信损害上市公司利益罪。

二审法院判决：鲜某犯背信损害上市公司利益罪，判处有期徒刑一年八个月，并处罚金人民币180万元。

二、刘某背信损害上市公司利益案[1]

2006年，刘某1经营正菱公司，她在丈夫曹某（时任安徽省人民政府副秘书长）介绍下，以代储代销形式向国投新集公司销售PDC钻头及配件。2007年12月，国投新集公司在上海证券交易所上市。

2008年3月，国投新集公司欲采取公开招标形式采购PDC钻头及配件，刘某1所经营的正菱公司已更改为威钻公司，因不符合供应商资格而被国投新集公司停止供应PDC钻头等矿用配件业务。同年4月，曹某任淮南市代市长，其妻刘某1告知上述被停止供应业务一事，让曹某与时任国投新集公司总经理刘某打招呼。

2008年5月27日，在曹某的授意下，刘某1以威钻公司名义向国投新集公司出具了一份《关于申请产品供货的报告》，想继续向国投新集公司供货。国投新集公司总经理刘某在该份报告上签字表示同意，并让时任国投新集公司企管部部长田某具体负责此事，同时向其明确说明该公司是市长曹某妻子刘某1经营的。田某按照刘某的指示，让企管部副部长赵某、供应部部长倪某具体安排工作人员与威钻公司工作人员商谈，并明

1. 安徽省芜湖市三山区人民法院（2017）皖0208刑初10号刑事判决书。

确在价格上要予以“照顾”。

2008年6月23日，国投新集公司企管部和供应部向总经理刘某请示，建议以“议价”价格采购威钻公司的PDC钻头，并列明了议价的价格。刘某在请示报告上签字同意。最终刘某1的威钻公司以明显高于市场价格的售价，从2009年开始向国投新集公司供应PDC钻头及配件。在2011年的时候，刘某1出资注册成立正巨公司，2012年2月合并了威钻公司。经审计，自2009年至2012年，国投新集公司以上述明显不公平的条件，接收威钻公司、正巨公司销售的钻头，造成公司直接经济损失1844.64万元。

法院认为，背信损害上市公司利益罪的犯罪主体范围，是指上市公司的董事、监事、高级管理人员。高级管理人员包括公司的经理、副经理、财务负责人，上市公司董事会秘书和公司章程规定的其他人员。本案中，刘某自1998年8月起，担任国投新集公司总经理，又于2011年9月至2014年1月任该公司董事长。从刘某的任职职务来看，应属公司高级管理人员范畴，且国投新集公司于2007年12月上市，所以刘某的身份符合背信损害上市公司利益罪的主体要件要求。

背信损害上市公司利益罪的主观方面内容是故意，即行为人的心理态度系明知自己实施的是背信行为，且明知自己的行为会对上市公司造成财产损害的后果，但希望或者放任这种结果的发生。本案中，刘某明知刘某1经营的公司不符合供应钻头的招投标公司资质，仍同意让其继续向公司供货，也明知最终威钻公司向国投新集公司供货产品的价格远高于市场价，会使国投新集公司利益遭受重大损失，但主观上仍然放任这一结果的发生，故刘某的主观心态符合背信损害上市公司利益罪的主观方面要件要求。

背信损害上市公司利益罪客观方面表现为上市公司的董事、监事、高级管理人员违背对公司的忠实义务，利用职务之便，通过操纵上市公司从事不当、不公平的关联交易等非法手段，致使上市公司利益遭受重大损失。本案中，刘某因曹某请托，不顾公司规定，在明知刘某1经营的公司不符合招投标条件的情况下，利用职务便利，不仅让其公司继续供货，还明确让下属工作人员在采购价格上予以关照，客观上帮助了刘某1经营的公司获得了不当利益，同时让国投新集公司蒙受重大损失，故刘某的行为完全符合背信损害上市公司利益罪客观方面要件要求。

背信损害上市公司利益罪侵犯的客体是上市公司及其股东的合法权益和市场经济管理秩序。刘某作为国投新集公司的高级管理人员，在日常管理中，应为公司的利益善意地处理公司事务、处置公司财产，其行使权力的目的也要是为了公司的利益。但在本案中，威钻公司违规向国投新集公司供货这一事情上，刘某没有忠实于公司，违反了对公司的忠实义务，其行为已严重影响了公司及股东的利益，破坏了市场经济秩序，符合背信损害上市公司利益罪客体要件要求。

法院判决：刘某犯背信损害上市公司利益罪，判处有期徒刑十个月，并处罚金人民币 10 万元。

三、高某背信损害上市公司利益行为不构成犯罪[1]

2015 年至 2016 年间，高某利用担任北京某某创新网络营销技术股份有限公司（以下简称某某股份）实际负责人、董事长的职务便利，以某某股份的名义与殷某签订《北京市房屋买卖合同》以及《补充协议》，截至 2016 年 8 月 29 日支付购房款共计人民币 1.653 亿元。2016 年 9 月 6 日，高某以某某股份名义从殷某处转回购房款人民币 2030 万元，并在收到殷某发出的《是否继续履约通知书》后仍然未履行付款义务，致使某某股份损失购房定金人民币 3500 万元。

法院认为，公诉机关指控高某构成背信损害上市公司利益罪的证据不足，理由如下：

（1）高某确有真实购买涉案房产的意愿，并无通过购买涉案房产掏空某某股份的主观故意。高某出于房屋增值的考虑决定购买殷某所有的房产，并签订了房屋买卖合同，后续也安排蔡某支付了相关钱款。

（2）高某虽未尽到尽职调查的义务，并向董事会隐瞒了殷某当时并未取得房产证的事实，但是其并未以明显不公平

1. 北京市第三中级人民法院（2020）京 03 刑初 170 号刑事判决书。

的条件或者明显不合理的价格购买涉案房产。第一，殷某虽于签订房屋买卖合同的时候未取得房产证，但其确在合同履行过程中取得了房产证，按照合同约定，该事项并不成为房产过户的障碍。第二，高某出于房屋增值的考虑购买涉案房产并非没有依据，考虑到2016年北京房价上涨和北京市主要机关单位搬迁至通州的事实，高某的考虑有一定的依据，而公诉机关并未提供相关证据证明涉案房屋买卖明显低价或者明显不公平。

（3）现有证据不足以证明高某故意制造违约，导致殷某取得3500万元定金。公诉机关指控高某在已经足额支付房款的情况下抽回2030万元导致某某股份没有履行合同义务，殷某据此取得了3500万元定金。虽然某某股份的记账凭证证明某某股份已经支付了1.6亿元，殷某转回2030万元，但是高某的供述及证人蔡某的证言证明该2030万元并非高某故意抽回的，而是某某股份平账所用，银行账户佐证了高某及证人蔡某的说法。

（4）某某股份损失定金的事实与高某通过董事会购买涉案房产缺乏刑法上的因果关系。首先，如前所述，高某确有购买房产的意愿，其亦按照合同约定支付了相关房款。其次，2016年8月某某股份大股东徐某1被取保候审后，高某于2016年10月左右便不再常去某某股份办公。殷某发函要求某某股份是否继续履约的通知发生在2016年11月17日，而某某股份公告高某离职的时间为2016年1月24日，殷某所发函件确认违约时间为2016年11月30日，此时徐某1作为某某股份大股东可以根据公司公告及相关协议与殷某协商，但是直至2017年三、四月份徐某1才与殷某协商履约事宜。最后，2020年8月，殷某与某某股份签订终止协议，约定3500万元定金事宜双方继续协商，后续殷某返还了某某股份支付的1.1亿元房款及1750万元定金，某某股份不再向殷某主张购房定金中剩余部分退款的任何利息和财务成本，视为殷某已经履行完毕购房定金的退款义务，双方的债权债务全部消灭。

法院判决：指控高某犯背信损害上市公司利益罪的罪名不成立。

第七章

操纵证券、期货市场罪

编者有话

操纵上市公司披露虚假信息构成操纵证券市场罪

前几年互联网金融 P2P 处在风口上时，很多人认为这是非常赚钱的商业模式，但是没有看到互联网金融表面繁华所掩盖的非法集资问题。P2P 是指点对点小额网络贷款，这个行业发展到后期因为缺少监管，从社会上募集到的资金被大肆挥霍，P2P 企业大多走向穷途末路，要么破产倒闭，要么涉嫌犯罪被查，造成许多人投资理财的钱被骗，蒙受损失。

记得 2012 年，有一个律师同学和笔者聊天说到 P2P。他非常看好互联网金融行业，但是又发现这个行业缺少监管，所以准备专门研究这个行业的合规问题，为企业提供法律服务。他说得天花乱坠，好像发现了一片蓝海，笔者当时不懂，听得云里雾里，感觉就是两个字：佩服。可过了三年，P2P 开始频频暴雷，违法犯罪丑闻不断，再碰到他时，说起当年的想法，他惨然一笑道，P2P 本身没有问题，但是因为没有监管，所以当时这种方式大多是违法的，好一点的企业是非法吸收公众存款，投资者的本金至少还在，那些别有用心的就是集资诈骗了，投资者看中的是利息，而被骗的是本金。P2P 合规只是空中楼阁，企业本身不合法，合规还有什么作用？这些企业就像电梯，乘坐在里面的说要合规发展，可是没想到电梯已经掉下去了，再怎么合规也是一样的下场。同学说，他原来是一家 P2P 企业的法律顾问，后来不承想那个企业老板涉嫌非法吸收公众存款罪被抓了，直接找到他做辩护人，幸好自己没有参与进去，不然今天还不知道在哪里。

互联网金融行业的商业模式避免不了要从社会上募集资金再进行放贷，如果没有经过国家批准，就属于非法吸收公众存款行为，情节严重的构成犯罪。如果行为人自己占有募集的资金大肆挥霍，那属于集资诈骗行为，犯罪行为性质更加严重。所以，从事互联网金融的企业，未经国家批准的，最后都会落得这个下场。

2015 年的时候，有一家上市公司多伦公司向上海证券交易所提出申请要改名为“匹凸匹”公司。按照上市公司管理规则，更名属于重大事项，要经过董事会审议通过，但是当时多伦公司的实际控制人和董事长鲜某怕节外生枝就把这件事情压下来了。他私自让手下员工到工商局申请将上市公司企业名称变更为“匹凸匹”，在召开的两次董事会会议上没有让其他董事知道，直到工商局通知可以变更名称了，公司更名“匹凸匹”事情已经木已成舟，他才召开董事会审议通过公司名称和经营范围变更议案，同时向上海证券交易所递交更名审核申请。

上海证券交易所接到申请觉得奇怪，询问为什么要改成“匹凸匹”这个名字？公司回复称，基于业务转型需要，立志做中国首家互联网金融上市公司，为使公司名称能够体现主营业务，拟将名称变更为匹凸匹公司。多伦公司要转型成为互联网金融公司，而且信誓旦旦要成为上市公司互联网金融第一股。那个时候互联网金融正处于风口上，猪也能飞起来，没人不信。公司发布公告之后，股票被市场追捧，股价连续十几天涨停，直接翻倍。

但是公司说的是一套，干的还是老一套，根本没有开展过互联网金融的业务，原来做过一些配资以外的金融业务，改名之后还是做那些业务，没有发生任何变化。原来公司改名只是精心策划好的一场骗局，董事长鲜某在5月11日发布更名公告之前都已经安排好了，他通过其控制的西藏信托有限公司等公司的交易账户，先后买入自己公司的股票2500万股，金额2.86亿元，然后又公开披露公司更名转型的利好信息，让市场以为公司改名真的是要做互联网金融第一股，股价连续十几个涨停都没有回调。鲜某却乘机抛售股票，这一波操作赚到了大把大把的钱。钱是赚到手了，可是鲜某的这个行为也触犯了刑法，构成操纵证券市场罪，这些到手的钱都是违法所得，全部被追缴。

鲜某操纵股价案件败露之后，公安机关开始调查，发现他操纵股价过程中竟挪用了公司1.2亿元的资金，有2300多万元被鲜某用于理财和买股票了，案发的时候还没有归还。一罪之外又犯一罪，鲜某作为上市公司董事长违背了对公司的忠实义务，利用职务便利将公司资金用于个人营利活动，致使公司遭受重大损失，这个行为触犯刑法，构成背信损害上市公司利益罪。

鲜某实施犯罪行为时以为天衣无缝，可以瞒天过海，一旦案发被查却发现自己所有的行为都留存了记录，资金转账、买卖股票都有凭有据，通过财务审计还挖出了他其他的违法行为，背信损害上市公司利益罪就是这样被发现的。所以鲜某知道后就主动交代了这些问题，最后法院判决鲜某犯有操纵证券市场罪和背信损害上市公司利益罪两宗罪，同时认定鲜某具有自首情节，从轻处罚，合并执行有期徒刑四年三个月，并处罚金1180万元。

常见问题

1. 操纵证券、期货市场犯罪有哪些常见具体行为?

答：常见的操纵证券、期货市场犯罪行为有：集中资金优势，持仓、信息优势连续买卖；与他人串通自买自卖期货合约；操纵证券、期货市场交易量、交易价格；制造证券、期货市场假象，诱导投资者买卖。

2. 操纵证券、期货市场犯罪行为的违法所得是不是指获得的收益?

答：操纵证券、期货市场犯罪行为的违法所得包括避免的损失和获得的利益，违法所得数额按照未经行政和刑事处罚的行为所得数额累计计算，在操纵证券、期货市场过程中，避免的损失也属于犯罪行为所获得的收益。为此，即使操纵证券、期货市场结果是亏损的，也有可能会获得收益。

3. 在中小企业股份转让系统中实施操纵行为会不会构成操纵证券市场罪?

答：对于在全国中小企业股份转让系统中实施操纵证券市场行为，社会危害性大的成立操纵证券市场罪。但是中小企业股份转让的市场和证券市场有所不同，关于认定操纵交易的股价和成交量等标准不适用于中小企业转让系统中的操纵行为。

罪名解读

一、犯罪行为

操纵证券、期货市场罪，根据《刑法》第182条的规定是指，有下列情形之一，操纵证券、期货市场，影响证券、期货交易价格或者证券、期货交易量，情节严重的行为：（1）单独或者合谋，集中资金优势、持股或者持仓优势或者利用信息优势联合或者连续买卖的；（2）与他人串通，以事先约定的时间、价格和方式相互进行证券、期货交易的；（3）在自己实际控制的账户之间进行证券交易，或者以自己为交易对象，自买自卖期货合约的；（4）不以成交为目的，频繁或者大量申报买入、卖出证券、期货合约并撤销申报的；（5）利用虚假或者不确定的重大信息，诱导投资者进行证券、期货交易的；（6）对证券、证券发行人、期货交易标的公开作出评价、预测或者投资建议，同时进行反向证券交易或者相关期货交易的；（7）以其他方法操纵证券、期货市场的。

本罪的主体可以是单位。

本罪中所说的“以其他方法操纵证券、期货市场”的行为，根据《最高人民法院　最高人民检察院关于办理操纵证券、期货市场刑事案件适用法律若干问题的解释》第 1 条的规定是指下列情形：（1）利用虚假或者不确定的重大信息，诱导投资者作出投资决策，影响证券、期货交易价格或者证券、期货交易量，并进行相关交易或者谋取相关利益的；（2）通过对证券及其发行人、上市公司、期货交易标的的公开评价、预测或者投资建议，误导投资者作出投资决策，影响证券、期货交易价格或者证券、期货交易量，并进行与其评价、预测、投资建议方向相反的证券交易或者相关期货交易的；（3）通过策划、实施资产收购或者重组、投资新业务、股权转让、上市公司收购等虚假重大事项，误导投资者作出投资决策，影响证券交易价格或者证券交易量，并进行相关交易或者谋取相关利益的；（4）通过控制发行人、上市公司信息的生成或者控制信息披露的内容、时点、节奏，误导投资者作出投资决策，影响证券交易价格或者证券交易量，并进行相关交易或者谋取相关利益的；（5）不以成交为目的，频繁申报、撤单或者大额申报、撤单，误导投资者作出投资决策，影响证券、期货交易价格或者证券、期货交易量，并进行与申报相反的交易或者谋取相关利益的；（6）通过囤积现货，影响特定期货品种市场行情，并进行相关期货交易的；（7）以其他方法操纵证券、期货市场的。

本罪中所说的“自己实际控制的账户”，根据《关于办理操纵证券、期货市场刑事案件适用法律若干问题的解释》第 5 条，包括：（1）行为人以自己名义开户并使用的实名账户；

（2）行为人向账户转入或者从账户转出资金，并承担实际损益的他人账户；（3）行为人通过第1项、第2项以外的方式管理、支配或者使用的他人账户；（4）行为人通过投资关系、协议等方式对账户内资产行使交易决策权的他人账户；（5）其他有证据证明行为人具有交易决策权的账户。

但是有证据证明行为人对第1项至第3项账户内资产没有交易决策权的除外。

本罪中的违法所得数额，根据《最高人民法院　最高人民检察院关于办理操纵证券、期货市场刑事案件适用法律若干问题的解释》相关规定，是指通过操纵证券、期货市场所获利益或者避免的损失。二次以上实施操纵证券、期货市场行为，依法应予行政处理或者刑事处理而未经处理的，相关交易数额或者违法所得数额累计计算。

对于在全国中小企业股份转让系统中实施操纵证券市场行为，社会危害性大，严重破坏公平公正的市场秩序的，比照上述规定执行。

二、立案标准

《最高人民检察院　公安部关于公安机关管辖的刑事案件立案追诉标准的规定（二）》第34条〔操纵证券、期货市场案（《刑法》第182条）〕规定，操纵证券、期货市场，影响证券、期货交易价格或者证券、期货交易量，涉嫌下列情形之一的，应予立案追诉：

（1）持有或者实际控制证券的流通股份数量达到该证券的实际流通股份总量10%以上，实施《刑法》第182条第1款第1项操纵证券市场行为，连续10个交易日的累计成交量达到同期该证券总成交量20%以上的；（2）实施《刑法》第182条第1款第2项、第3项操纵证券市场行为，连续10个交易日的累计成交量达到同期该证券总成交量20%以上的；（3）利用虚假或者不确定的重大信息，诱导投资者进行证券交易，行为人进行相关证券交易的成交额在1000万元以上的；（4）对证券、证券发行人公开作出评价、预测或者投资建议，同时进行反向证券交易，证券交易成交额在1000万元以上的；（5）通过策划、实施资产收购或者重组、投资新业务、股权转让、上市公司收购等虚假重大事项，误导投资者作出投资决策，并进行相关交易或者谋取相关利益，证券交易成交额在1000万元以上的；（6）通过控制发行人、上市公司信息的生成或者控制信息披露的内容、时点、节奏，误导投资者作出投资决策，并进行相关交易或者谋取相关利益，证券交易成交额在1000万元以上的；（7）实施《刑法》第182条第1款第1项操纵期货市场行为，实际控制的账户合并持仓连续10个交易日的最高值超过期货交易所限仓标准的二倍，累计成交量达到同期该期货合约总成交量20%以上，且期货交易占用保证金数额在500万元以上的；（8）通过囤积现货，影响特定期货品种市场行情，并进行相关期货交易，实际控制的账户合并持仓连续10个交易日的最高值超过期货交易所限仓标准的二倍，累计成交量达到同期该期货合约总成交量20%以上，且期货交易占用保证金数额在500万元以上的；（9）实施《刑法》第182条第1款第2项、第3项操纵期货市场行为，实际控制的账户连续10个交易日的累计成交量达到同期该期货合约总成交量20%以上，且期货交易占用保证金数额在500万元以上的；（10）利用虚假或者不确定的重大信息，诱导投资者进行期货交易，行为人进行相关期货交易，实际控制的账户连续10个交易日的累计成交量达到同期该期货合约总成交量20%以上，且期货交易占用保证金数额在500万元以上的；（11）对期货交易标的公开作出评价、预测或者投资建议，同时进行相关期货交易，实际控制的账户连续10个交易日的累计成交量达到同期该期货合约总成交量的20%以上，且期货交易占用保证金数额在500万元以上的；（12）不以成交为目的，频繁或者大量申报买入、卖出证券、期货合约并撤销申报，当日累计撤回申报量达到同期该证券、期货合约总申报量50%以上，且证券撤回申报额在1000万元以上、撤回申报的期货合约占用保证金数额在500万元以上的；（13）实施操纵证券、期货市场行为，获利或者避免损失数额在100万元以上的。

操纵证券、期货市场，影响证券、期货交易价格或者证券、期货交易量，获利或者避免损失数额在50万元以上，同时涉嫌下列情形之一的，应予立案追诉：（1）发行人、上市公司及其董事、监事、高级管理人员、控股股东或者实际控制人实施操纵证券、期货市场行为的；（2）收购人、重大资产重组的交易对方及其董事、监事、高级管理人员、控股股东或者实际控制人实施操纵证券、期货市场行为的；（3）行为人明知操纵证券、期货市场行为被有关部门调查，仍继续实施的；（4）因操纵证券、期货市场行为受过刑事追究的；（5）二年内因操纵证券、期货市场行为受过行政处罚的；（6）在市场出现重大异常波动等特定时段操纵证券、期货市场的；（7）造成其他严重后果的。

对于在全国中小企业股份转让系统中实施操纵证券市场行为，社会危害性大，严重破坏公平公正的市场秩序的，比照本条规定执行，但本条第1款第1项和第2项除外。

三、量刑幅度

行为人操纵证券、期货市场行为达到上诉立案追诉标准，属于情节严重的，处五年以下有期徒刑或者拘役，并处或者单处罚金。情节特别严重的，处五年以上十年以下有期徒刑，并处罚金。

根据《最高人民法院　最高人民检察院关于办理操纵证券、期货市场刑事案件适用法律若干问题的解释》第4条的规定，具有下列情形之一的，属于情节特别严重：（1）持有或者实际控制证券的流通股份数量达到该证券的实际流通股份总量10%以上，实施《刑法》第182条第1款第1项操纵证券市场行为，连续10个交易日的累计成交量达到同期该证券总成交量50%以上的；（2）实施《刑法》第182条第1款第2项、第3项操纵证券市场行为，连续10个交易日的累计成交量达到同期该证券总成交量50%以上的；（3）实施本解释第1条第1项至第4项操纵证券市场行为，证券交易成交额在5000万元以上的；（4）实施《刑法》第182条第1款第1项及本解释第1条第6项操纵期货市场行为，实际控制的账户合并持仓连续10个交易日的最高值超过期货交易所限仓标准的五倍，累计成交量达到同期该期货合约总成交量50%以上，且期货交易占用保证金数额在2500万元以上的；（5）实施《刑法》第182条第1款第2项、第3项及本解释第1条第1项、第2项操纵期货市场行为，实际控制的账户连续10个交易日的累计成交量达到同期该期货合约总成交量50%以上，且期货交易占用保证金数额在2500万元以上的；（6）实施操纵证券、期货市场行为，违法所得数额在1000万元以上的。实施操纵证券、期货市场行为，违法所得数额在500万元以上，并具有本解释第3条“情节严重”的情形之一的，应当认定为“情节特别严重”。

单位犯本罪的，对单位处罚金，并对其直接负责的主管人员和其他直接责任人员依照上述规定定罪处罚。

精选裁判

一、朱某某操纵证券市场案[1]

2013年2月1日至2014年8月26日间，朱某某担任某某公司龙华西路营业部经纪人，并多次受邀担任“谈股论金”电视节目嘉宾。其间，他使用实际控制的“朱某”“孙某”“张某”3个证券账户，预先买入“利源精制”“万马股份”等15只股票，并于当日或次日在上述电视节目中通过详细介绍股票标志性信息、展示K线图或明示股票名称、代码等方式，对其预先买入的上述15只股票进行公开评价、预测或推介，等节目在上海电视台首播后1至2个交易日内抛售相关股票，获取非法利益。经审计，朱某某买入股票交易金额共计人民币2094.22万余元，卖出股票交易金额共计2169.70万余元，非法获利75.48万余元。

法院认为，朱某某身为证券公司工作人员，违反规定买卖或持有证券，并通过公开评价、预测或者投资建议，在相关证券交易中非法获利75万余元，情节严重，其行为已构成操纵

1. 上海市第一中级人民法院（2017）沪01刑初49号刑事判决书。

证券市场罪。

法院判决：朱某某犯操纵证券市场罪，判处有期徒刑十一个月，并处罚金人民币76万元。

二、陈某操纵证券市场案[1]

2002年，原闽发公司总裁张某某（已判刑）与时任闽发公司北京管理总部总经理陈某经过共谋，由张某某指定陈某组织实施，通过操纵“内蒙华电”股票交易为公司谋取利益。

经张某某、陈某安排，同案人马某（已判刑）以北京辰达科技投资有限公司及其他单位、个人名义在证券营业部共开设了1583个股东账户，并将闽发公司资金转存入上述资金账户，由同案人管某某（已判刑）负责买卖“内蒙华电”股票。此后，陈某伙同同案人马某、管某某采取集中资金优势、持股优势，自买自卖、连续买卖等手段，大量买卖“内蒙华电”股票。2003年8月21日至2004年4月2日，闽发公司控制的股东账户内“内蒙华电”股票成交量多次占同期该股票连续20个交易日成交总量的30%以上，其中最高持有“内蒙华电”股票占总流通股38.67%，且未公告持股情况，严重危害正常的股票交易秩序。

1. 福建省高级人民法院（2016）闽刑终184号刑事判决书。

法院认为，陈某受闽发公司指派，利用资金优势、持股和持仓优势进行连续买卖、自买自卖，操纵“内蒙华电”股票交易，严重扰乱证券交易秩序，系闽发公司操纵证券交易价格的直接责任人员，已构成操纵证券交易价格罪。

法院判决：陈某犯操纵证券交易价格罪，判处有期徒刑一年。

三、唐某博等人操纵证券市场案[1]

2012年5月至2013年1月间，唐某博实际控制“杨某1”“王某3”“朱某”“赵某”“闵某”“申某”“陈某”“伍某”“杨某2”等证券账户；唐某子实际控制“苏某”“张某1”等证券账户。其间，唐某博伙同唐某子、唐某琦，不以成交为目的，频繁申报、撤单或大额申报、撤单，影响股票交易价格与交易量，并进行与申报相反的交易。

2012年5月9日、10日、14日，唐某博、唐某子控制账户组撤回申报买入“华资实业”股票量分别占当日该股票总申报买入量的57.02%、55.62%、61.10%，撤回申报金额分别为9000余万元、3.5亿余元、2.5亿余元。同年5月7日至23日，唐某博、唐某子控制账户组通过实施与虚假申报相反的

1. 上海市第一中级人民法院（2019）沪01刑初19号刑事判决书。

交易行为，违法所得金额425.77万余元。

2012年5月3日、4日，唐某博控制账户组撤回申报买入“京投银泰”股票量分别占当日该股票总申报买入量的56.29%、52.47%，撤回申报金额分别为4亿余元、4.5亿余元。同年4月24日至5月7日，唐某博、唐某子控制账户组通过实施与虚假申报相反的交易行为，违法所得金额共计1369.14万余元。

2012年6月5日至2013年1月8日，唐某博控制账户组在“银基发展”股票交易中存在虚假申报撤单等行为；其中，2012年8月24日，唐某博控制账户组撤回申报卖出“银基发展”股票量占当日该股票总申报卖出量的52.33%，撤回申报金额1.1亿余元。其间，唐某博控制账户组通过实施与虚假申报相反的交易行为等，违法所得金额共计786.29万余元。

前述交易中，唐某博、唐某子控制账户组违法所得共计2581.21万余元。其中，唐某博控制账户组违法所得2440.87万余元，唐某子控制账户组违法所得140.33万余元。唐某琦在明知唐某博存在操纵证券市场行为的情况下，仍接受唐某博的安排多次从事涉案股票交易。

2018年6月12日，唐某博返回境内投案；同年6月19日、26日，唐某子、唐某琦分别向侦查机关投案。三人到案后如实供述了基本犯罪事实。法院一审审理过程中，唐某博向侦查机关检举揭发他人犯罪行为，经查证属实。

法院认为，唐某博构成操纵证券市场罪。

应认定唐某博操纵“银基发展”股票构成操纵证券市场罪。主要理由是：（1）唐某博控制账户组存在虚假申报交易“银基发展”股票行为。指控时间段内，唐某博控制账户组不以成交为目的，对“银基发展”股票频繁申报、撤单或者大额申报、撤单，且2012年8月24日当天，累计撤回申报卖出量达到同期该股票总申报卖出量50%以上，撤回申报金额在1000万元以上，误导投资者作出投资决策，影响该股票的交易价格与交易量。（2）指控时间段内，唐某博控制账户组进行了与虚假申报相反的交易等行为，操纵“银基发展”股票获利的意图明显，且获取了巨额利益。

“王某3”证券账户的实际控制人应认定为唐某博。主要理由是：（1）唐某博、唐某子的供述相互印证，证明“王某3”账户系唐某博控制使用，账户内资金归属于唐某博。（2）司法会计鉴定意见书及附件反映，“王某3”证券账户的资金来源、去向为唐某博实际控制的其他账户。“王某3”证券账户资金主要源于“张某2”中国民生银行南京中央门支行账户，资金去向主要为“王某4”中国民生银行南京中央门支行账户。而在案证据反映，“张某2”证券账户及银行卡、“王某4”证券账户及银行卡均系唐某博实际控制。（3）“王某3”证券账户操作的IP地址与唐某博的出行记录相吻合。

关于违法所得数额认定，应以与涉案股票操纵行为实质关联的股票建仓时间以及出售时间等为范围来计算违法所得，而非仅认定实施操纵行为当日的违法所得。同时，从本案来看，操纵证券市场违法所得数额以实际获利金额认定更为妥当，鉴于本案被告人实际获利金额略高于指控数额，法院不再增加认定。

关于是否认定情节特别严重。唐某博应对全案操纵证券市场事实承担刑事责任，涉及违法所得金额2580余万元；唐某子应对其参与的操纵证券市场事实承担刑事责任，涉及违法所得金额1790余万元；两人均系情节特别严重。鉴于唐某琦仅接受唐某博指令多次参与涉案股票交易，故认定其操纵证券市场情节严重。

法院判决：唐某博犯操纵证券市场罪，判处有期徒刑三年六个月，并处罚金人民币2450万元。唐某子犯操纵证券市场罪，判处有期徒刑一年八个月，并处罚金人民币150万元。唐某琦犯操纵证券市场罪，判处有期徒刑一年，缓刑一年，并处罚金人民币10万元。操纵证券市场违法所得予以追缴。

第八章

职务侵占罪

编者有话

职务侵占是上市公司高管常见的刑事风险

2022年4月，上市公司浙文影业发布公告称，子公司天意影视公司法定代表人吴某因涉嫌职务侵占罪被检察院批准逮捕。消息一出，影视圈哗然。

吴某，浙江天意影视公司董事长，是知名的影片制作人，曾经获得过“全国十佳制片人”称号，制作过很多热播电视剧。其被逮捕是检察院作出的决定，那么说明有证据证实吴某犯罪了。

2017年11月，吴某将自己持有的天意影视45%股权作价 3.95 亿元转让给了上市公司浙文影业，交易后浙文影业共持有天意影视 96% 股权，是第一大股东和实际控制人。当时吴某承诺 2017 年到 2019 年天意影视的经营净利润不低于 3.7 亿元，可是三年下来只完成了 30% 的对赌业绩，还有 2.3 亿元没有完成。对此，浙文影业与吴某又签了一份对赌补充协议，约定 2021 年到 2025 年吴某继续经营补偿以前未完成的经营业绩，但是要求吴某将持有的 5000 万股浙文影业的股票作为质押担保。可是吴某已经将自己的股票全部质押了出去。券商因为吴某借款到期没有还款，直接将他质押的股票全部抛售了。这样一来，浙文影业与吴某签的对赌补充协议虽然还没有到期，但是吴某用于担保合同履行的 5000 万股股票都没了。没有了担保，对赌补充协议的履行就没有保障，这下浙文影业马上通知吴某解除了对赌补充协议，要求他直接补偿 2.3 亿元。其实对于这样的结果，浙文影业也是非常无奈，因为当时签补充协议的时候，应该要先质押吴某的股权，估计他们知道吴某的股权已经被券商质押了，想等券商解除质押后再去办质押登记，可是没有想到吴某没钱还债，券商直接将质押的股票全部卖了。

浙文影业要求吴某直接还款时，吴某涉嫌挪用资金罪还没有案发。本来他向券商借的钱都已经还不了，根本没钱来偿还，所以对于催讨，他就赖着不回应，反正也没有钱还。事情一拖再拖，到了 2021 年，浙文影业实在没有办法，就派出团队直接接管了吴某负责经营的天意影视公司，接管后一查账发现公司账上很多钱都被吴某转走了。浙文影业是国资企业，看到这么多资金被侵占没人敢瞒报，这才向司法机关报了案。

浙文影业掌握了吴某侵占公司钱财的证据，虽然我们还不知道吴某侵占了多少数额，但是从他承诺对赌经营业绩来看，数额都是过亿的。所以，他侵占的数额估计也不会少，如果超过 100 万元的话，那么就属于数额巨大的情形。

职务侵占罪是指公司或企业人员利用职务上的便利条件，将本单位的财物非法占为已有，数额较大的行为。这里的便利条件是指公司人员利用主管、管理、经手单位财物的职权，将公司的财物占为已有。这里的“占为已有”不仅仅是指自己所有，还包括其他人所有。所以，只要是吴某利用自己职权将钱转出去给别人的，也应该算是他的犯罪数额。反正不管是偷取，还是骗取，只要行为人利用自己职权将公司的财物变成自己或者他人所有的，就是职务侵占。如果行为人的身份是国家工作人员，那么就会构成贪污罪。贪污行为和职务侵占行为都是将单位财物占为已有，但是区别在于是否具有国家工作人员的身份。

对于浙文影业要求偿还 2.3 亿元的要求，吴某不主动回应，他认为自己最多就是一个民事责任，因为他已经多次被法院列为失信被执行人，再多一个执行也不多。可是他没有想到自己在当天意影视公司董事长的时候，资金转账都留下了记录，这些记录就是他侵占公司财物的证据，这些证据一旦被获取，职务侵占罪败露也只不过是早一天晚一天而已。

常见问题

1. 在工作中偷拿公司财物的行为是盗窃行为还是职务侵占行为？

答：行为人偷拿公司财物的行为如果是利用自己对财物的控制的便利条件，就是职务侵占行为，如果行为人对财物没有控制权，仅仅是利用某种机会进行偷拿，就是盗窃。对财物的控制权表现为行为人的管理、保管、经手、支配等方式，职务侵占行为并不要求行为人实际控制或占有财物，只要是行为人在管理、保管、经手、支配过程中实施的就可以构成。比如说，财务人员将公司账户内资金转到自己账户内，代持股权的股东将股权变卖后自己受益等。

2. 在公司经营中挪用资金后无法偿还，是否构成职务侵占罪？

答：公司的实际经营人利用职务便利挪用公司资金后又隐瞒资金的去向，逃避返还责任，在案发后结合其没有归还能力等具体情况，可以认定其有非法占有的故意，成立职务侵占罪。

3. 快递员窃取快递物品价值不到3万元，是否会构成职务侵占罪？

答：快递员窃取快递物品，是利用自己职务便利条件，属于职务侵占行为。因为没有达到立案追诉标准，属于违法行为但不构成犯罪。如果快递员没有利用职务便利窃取快递物品，属于盗窃，构成犯罪，应当追究刑事责任。

罪名解读

一、犯罪行为

职务侵占罪，根据《刑法》第271条第1款的规定是指，公司、企业或者其他单位的工作人员，利用职务上的便利，将本单位财物非法占为己有，数额较大的行为。《刑法》第183条第1款规定，保险公司的工作人员利用职务上的便利，故意编造未曾发生的保险事故进行虚假理赔，骗取保险金归自己所有的，依照职务侵占定罪处罚。

本罪的主体是公司、企业或者其他单位的人员，不包括从事公务的人员。如果是国有企业，或者是国有单位委派到非国有企业从事公务的人员，利用职务上的便利侵占公共财产的，应认定为贪污罪。但是本罪并非完全的身份犯，不具有公司员工身份的工作人员，只要在公司或者企业里利用职务的便利条件将公司财物据为已有，就应认定为职务侵占。

村委会等村基层组织人员，因为他们不具有国家工作人员的身份，因此在从事行政管理事务时，利用职务上便利将集体财产据为己有，成立职务侵占罪。如果他们是协助人民政府从事行政管理事务的，利用职务便利侵吞公共财产，成立贪污罪。

根据《最高人民法院关于审理贪污、职务侵占案件如何认定共同犯罪几个问题的解释》第3条，公司、企业或者其他单位中，不具有国家工作人员身份的人与国家工作人员勾结，分别利用各自的职务便利，共同将本单位财物非法占为己有的，按照主犯的犯罪性质定罪。如果主犯不是国家工作人员的，那么成立职务侵占罪。

本罪中所说的利用职务上的便利条件，是指行为人利用职务管理了财物，基于管理占有财物，这种占有既可能是保管、经手等方式的事实占有，也有可能是审核、签字等方式的法律占有，体现了对财物的控制。事实的占有就是对财物的控制，而法律上的占有是依法能够支配，比如银行的存款。

本罪中所说的占为己有的方式主要是通过窃取、骗取等非法手段侵吞财物。将公司财物占为己有，不限于行为人自己所有，还包括行为人利用便利条件将公司财物转移给第三人占有。其中比较多见的是公司会计将公司收回的欠款直接转入自己的账户；游戏公司的员工修改数据创造游戏装备卖掉后将钱据为己有；还有就是代持股份，行为人直接将股权据为己有。

二、立案标准

《最高人民检察院　公安部关于公安机关管辖的刑事案件立案追诉标准的规定（二）》第76条〔职务侵占案（《刑法》第271条第1款）〕规定，公司、企业或者其他单位的工作人员，利用职务上的便利，将本单位财物非法占为已有，数额在3万元以上的，应予立案追诉。

三、量刑幅度

利用职务上的便利，将本单位财物非法占为已有，数额较大的，处三年以下有期徒刑或者拘役，并处罚金；数额巨大的，处三年以上十年以下有期徒刑，并处罚金；数额特别巨大的，处十年以上有期徒刑或者无期徒刑，并处罚金。

根据《最高人民法院　最高人民检察院关于办理贪污贿赂刑事案件适用法律若干问题的解释》第11条，《刑法》第163条规定的非国家工作人员受贿罪、第271条规定的职务侵占罪中的“数额较大”“数额巨大”的数额起点，按照本解释关于受贿罪、贪污罪相对应的数额标准规定的二倍、五倍执行。

根据《最高人民法院　最高人民检察院关于常见犯罪的量

刑指导意见（试行）》“四、常见犯罪的量刑”“（十四）职务侵占罪”的规定，构成职务侵占罪的，根据下列情形在相应的幅度内确定量刑起点：（1）达到数额较大起点的，在一年以下有期徒刑、拘役幅度内确定量刑起点。（2）达到数额巨大起点的，在三年至四年有期徒刑幅度内确定量刑起点。（3）达到数额特别巨大起点的，在十年至十一年有期徒刑幅度内确定量刑起点。依法应当判处无期徒刑的除外。在量刑起点的基础上，根据职务侵占数额等其他影响犯罪构成的犯罪事实增加刑罚量，确定基准刑。罚金数额根据职务侵占的数额、危害后果等犯罪情节，综合考虑被告人缴纳罚金的能力决定。适用缓刑要综合考虑职务侵占的数额、手段、危害后果、退赃退赔等犯罪事实、量刑情节，以及被告人的主观恶性、人身危险性、认罪悔罪表现等因素。

精选裁判

一、杨某职务侵占行为无罪案[1]

顺丰公司经营国内及国际快递等业务。2012年12月1日，

1. 四川省高级人民法院（2015）川刑提字第2号刑事裁定书。

顺丰公司与仕邦人力公司签订《劳务派遣协议》，约定仕邦人力公司向顺丰公司派遣劳务人员，顺丰公司为劳务派遣工提供劳动岗位并支付工资、奖金、加班费等劳动报酬，劳务派遣工需接受顺丰公司的管理。

2013 年 8 月 23 日，杨某与仕邦人力公司签订《劳动合同》，约定杨某由仕邦人力公司派往顺丰公司工作，派遣时间从 2013 年 8 月 27 日起至 2016 年 8 月 31 日止，该时间与劳动合同的期限一致。同日，杨某在顺丰公司提供的《员工保密承诺书》《派遣岗位录用条件告知书》《保证书》上签字后，顺丰公司向杨某发出《员工入职通知书》，通知杨某于 2013 年 8 月 27 日到顺丰公司位于四川省双流县公兴镇的“成都中转场”上班，担任运作员。

2013 年 11 月 15 日凌晨，杨某在顺丰公司的“成都中转场”上夜班，负责快递包裹的分拣工作。凌晨 3 时许，杨某在分拣快递包裹的过程中，将自己经手分拣的一个外有“M”标志、内有一部小米 3TD 手机的快递包裹秘密窃走。同月 20 日，顺丰公司发现托运的包裹丢失，经调取、查看“成都中转场”的监控录像，发现被本单位人员杨某窃取，遂于同月 26 日向公安机关报案。当日下午，杨某被抓获，公安人员从杨某身上搜出被盗的手机，后带杨某前往其暂住地，从房内查获被盗手机的充电器和发票。经鉴定，被盗手机价值 1999 元。杨某归案后如实供述了自己在分拣工作时窃取手机包裹的事实，并赔偿顺丰公司 1999 元。

法院认为，区分盗窃罪与职务侵占罪的关键在于被告人是否利用了职务之便。本案中对杨某如何定性，关键在于其是否具有“利用职务上的便利”的构成要件。

职务侵占罪中的“利用职务上的便利”，是指公司、企业或者其他单位的人员利用自己在单位担任的职务所形成的主管、保管或者经手本单位财物的权力。具体包括以下三种情况：一是主管财物的权力。这类人一般不直接接触本单位的财物，但有权对本单位的财物进行审批、安排、调拨等。二是保管财物的权力。这类人直接接触财物，虽无权决定财物的使用、调拨，但享有对财物的直接保护、看管权力。三是经手财物的权力。这类人员由于工作的职责要求，对本单位财物不可避免地经手，但对财物不享有管理与支配的长期职责。

职务侵占罪中的“将本单位财物非法占为己有”的行为，可以分为三种类型：第一，侵吞型非法占有。指行为人利用职务上的便利，将自己管理、经手、使用的本单位财物直接据为己有。第二，窃取型非法占有。指行为人利用职务上的便利，采取秘密窃取的方式，非法占有本单位财物的行为。第三，骗取型非法占有。指行为人利用职务上的便利，采取虚构事实、隐瞒真相的欺骗方法，非法占有本单位财物的行为。在司法实践中，窃取型非法占有与侵吞型非法占有易于混淆，一般情况下，窃取型非法占有以行为人合法管理本单位财物为前提，侵吞型非法占有以行为人事先合法持有本单位财物为前提，二者有所区别。具体为，合法持有财物的行为人直接接触财物本身，甚至在一定的时间内还可以移动、支配该财物；而合法管理财物的行为人一般不直接接触财物，且行为人也往往无权移动、支配所保管财物。但无论是窃取型占有还是侵吞型占有，职务侵占罪在客观方面是同样可以表现为秘密窃取行为的。因此，杨某在犯罪过程中所采取的秘密窃取行为，符合侵吞型非法占有的行为特征。

结合本案，杨某的行为符合利用职务上的便利，将本单位财物非法占为己有的构成要件。首先，杨某受仕邦人力公司派遣到用工单位顺丰公司工作，其工作岗位由顺丰公司提供、安排，受顺丰公司的管理，在工作期间的行为对顺丰公司负责，劳动报酬亦由顺丰公司给付，因此杨某在劳务派遣期间的身份应属于用工单位顺丰公司的工作人员，而对其所经手的托运包裹丢失、被盗等后果产生的责任由顺丰公司对外承担。因此，杨某作为顺丰公司的工作人员以及具有经手顺丰公司财物的职务便利这一客观事实，符合职务侵占的主体要求。其次，顺丰公司基于快递合同而合法占有、控制托运人交付的涉案财物并对财物的丢失承担赔偿责任，涉案财物应视为顺丰公司财物。最后，杨某作为顺丰公司的工作人员，受顺丰公司安排，负责公司快递包裹的分拣工作，具体经手涉案财物，对本单位财物具有临时的实际控制权，其利用这一职务上的便利，将财物非法占为己有，其行为符合职务侵占罪的犯罪行为特征，但因侵占的财物价值1999元并未达到职务侵占罪的定罪起点，故依法对其不以犯罪论处。

法院判决：杨某职务侵占行为，情节显著轻微，危害不大，不构成犯罪。

二、吴某某职务侵占案[1]

吴某某于2018年10月利用担任中国某某财产保险股份有限公司常州中心理赔员的职务之便，将中铁十一局集团有限公司员工沈某某死亡事故，编造成建筑工程施工人员团体意外伤害保险事故进行虚假索赔，骗取中国某某财产保险股份有限公司的保险金300000元。

事发后，吴某某退赔被害单位共计人民币211100元，并取得被害单位的谅解；吴某某如实供述了犯罪事实。

法院认为，吴某某身为保险公司的工作人员，利用职务上的便利，故意编造未曾发生的保险事故进行虚假索赔，骗取保险金归自己所有，数额较大，其行为触犯了《刑法》第183条第1款、第271条第1款的规定，应当以职务侵占罪追究其刑事责任。

法院判决：吴某某犯职务侵占罪，判处有期徒刑一年。

1. 江苏省常州市钟楼区人民法院（2020）苏0404刑142号刑事判决书。

三、任某某职务侵占案[1]

任某某系博捷公司实际经营人。2012年起，博捷公司因出借资金等原因出现资金缺口。2013年6月，任某某被保集集团聘任为该公司下属公司臻泰公司总经理，负责公司经营。

2014年至2016年，任某某利用担任臻泰公司总经理的职务之便，将臻泰公司资金挪用至博捷公司，财务上留下资金缺口。任某某明知上海华办等单位业务人员为提高业绩做虚假贸易，他操纵臻泰公司、博捷公司与上海华办等单位进行无实际货物交易的虚假贸易，通过签订上海华办等单位向臻泰公司采购的合同，将臻泰公司资金缺口予以平账；再通过签订臻泰公司向博捷公司采购的合同，重新将资金挪用出来，并利用合同交货时间差拖延还款；最后通过签订博捷公司向上海华办等单位采购的合同，完成资金循环走账。通过上述方式，任某某累计挪用臻泰公司至博捷公司的资金达人民币6483.93万元。面对上级公司保集集团催讨，2016年9月任某某伪造承诺函等材料，保证博捷公司于10月25日付清。

2016年6月、7月，上海华办、中船重工业务人员竺某、

1. 浙江省高级人民法院（2020）浙刑终38号刑事判决书。

祝某为提高业绩，与任某某商议采用签订虚假贸易合同、走资金流水方式实现增加贸易量。同年10月，任某某以博捷公司名义与上海华办、中船重工签订虚假贸易合同，虚构上海华办向中船重工采购，中船重工向博捷公司采购，博捷公司向天坤公司、华谌公司、欣舟公司采购，天坤公司、华谌公司、欣舟公司再向上海华办采购。同月28日，上海华办向中船重工开出5000万元的承兑汇票。同月31日，中船重工将承兑汇票背书后作为货款支付给博捷公司，同日，任某某将承兑汇票贴现后，除垫付贴现费、贸易差共计121.287万元外，将本应流转给上海华办资金中的4900万元从博捷公司转入臻泰公司账户，用于填补其挪用臻泰公司资金造成的资金缺口。事后，任某某为应付上海华办催讨，谎称资金被陈某1用于购买土地，以隐瞒资金去向。

案发前，任某某向上海华办归还200万元。

法院认为，任某某作为博捷公司的实际经营人，利用职务便利，将博捷公司临时管理、使用本应转给上海华办的资金，用于填补其挪用臻泰公司资金造成的缺口，事后隐瞒资金的去向，逃避返还资金，结合其没有归还能力等情况，足以认定其有非法占有的故意，其行为符合职务侵占罪的构成要件。

任某某利用职务上的便利，挪用本单位资金进行营利活动，且属数额巨大，其行为已构成挪用资金罪；其又利用职务上的便利，将本单位财物非法占有己有，且属数额巨大，其行为又构成职务侵占罪。

法院判决：任某某犯职务侵占罪，判处有期徒刑十年，并处没收财产人民币300万元。犯挪用资金罪，判处有期徒刑三年六个月，与犯职务侵占罪部分判决并罚，决定执行有期徒刑十一年，并处没收人民币300万元。

第九章

隐匿、故意销毁会计凭证、会计账簿、财务会计报告罪

编者有话

隐匿会计账簿罪还是包庇罪，取决于犯罪主体

二十多年前，笔者还是一名刑事侦查员，当时和搭档负责调查一起合同诈骗案件。涉案公司资金在公司账上进进出出很频繁，账目记录十分混乱。看似机关下属企业，但都是总经理一人说了算，平时也没有股东会、董事会，财务也就是记账报销。公司本身没有生产实体项目，业务就是倒卖商品，买进再卖出赚些差价利润。所以当时社会上管这些公司叫皮包公司，

包里装着公司印章，包在哪里公司就在哪里。后来因为总经理涉嫌合同诈骗被抓了，要调查取证时才对公司财务进行检查。

当时检查财务数据，不像现在委托一家审计机构进场审计就行了，取证需要侦查人员自己去翻阅凭证、核对账目。公司的会计账簿都在会计手里，我们要查账只能采用调取证据的方式，把公司所有的会计账簿运回来。那些会计账簿堆满好几箱子，有时为了找一张会计凭证，要来来回回翻找好几次，工作量非常大。因为每一笔资金进出的凭证都有可能是定案的证据，所以要非常仔细，生怕漏了没有找到。那段时间非常辛苦，整日都埋在会计凭证、账簿里，因为那些材料才是公司经营的原始记录和交易凭证，当时要是没有会计凭证和账簿，或者哪怕缺少一张凭证，都有可能影响对被告人的诈骗数额认定。

会计凭证和账簿都是原始资料，对于会计记账来说非常重要，有凭证才能计账，没有凭证的就不能记账。所以，法律要求公司办理会计事务的人要保存好会计凭证和账簿。凡故意隐匿或者销毁会计凭证和账簿，都是为了掩盖公司在经营过程中产生的各种违法行为而隐瞒或者销毁证据和线索。对此，刑法规定这种隐匿、故意销毁会计凭证、会计账簿、财务会计报告的行为是犯罪行为。

在经济犯罪案件中，有的人为了帮助犯罪嫌疑人逃避法律制裁，把会计凭证和账簿藏起来或者销毁掉，既帮助毁灭了证据，又起到了包庇作用，那么对这样一个行为刑法如何进行评价呢？有一起团伙案件，一审法院认定两被告人犯有隐匿、故意销毁会计凭证、会计账簿、财务会计报告罪，但是被二审法院撤销后改判了，一个无罪释放，一个犯有包庇罪，两个人没有形成团伙犯罪。

这个案子发生在2012年，黄某涉嫌非法集资犯罪出逃后，犯罪所涉及的会计账簿都藏在自己家里，这些会计账簿中记载的账目数据金额超过1亿元。妻子郭某某不识字，她知道丈夫黄某负案在逃，怕这些会计账簿被公安机关搜走，就将这些东西全部打包转移到自己亲友郭某的住处藏起来。郭某知道这些东西是涉案会计账簿，有会计账簿、笔记本电脑、文件资料，还有印章，都是十分重要东西，就同意保存在自己家里。两年后，当公安机关进行调查找到郭某时，他承认了自己为郭某某保存了这些涉案的账簿，还主动交给了公安机关。

郭某某和郭某隐匿会计账簿的行为，经过一审判决，两人构成隐匿会计账簿罪，鉴于郭某在公安机关进行调查的时候主动到案交代，属于自首，而且在犯罪中作用较小，从轻处罚，法院判处郭某某有期徒刑三年，罚金10万元；郭某有期徒刑一年，罚金3万元。

一审判决后，两人不服上诉，二审法院经过审理认为，两人不是会计工作人员，犯罪主体身份有问题，因为隐匿、故意销毁会计凭证、会计账簿罪的主体必须是在企业中办理会计事务的人员。根据2002年《全国人民代表大会常务委员会法制工作委员会关于对“隐匿、销毁会计凭记、会计账簿、财务会计报告构成犯罪的主体范围”问题的答复意见》，“任何单位和个人在办理会计事务时对依法应当保存的会计凭证、会计账簿、财务会计报告，进行隐匿、销毁，情节严重的，构成犯罪”。这个意见明确从事务和时间两个方面对犯罪主体进行了限制，所以，隐匿、故意销毁会计凭证、会计账簿的犯罪主体是指办理会计事务时的人，和会计事务没有直接关系的人不是隐匿、故意销毁会计凭证、会计账簿罪的主体。

本案中，郭某某不识字，不懂财务，没有参与办理过涉案公司的会计事务。郭某也不是该公司的员工，只是作为案外人为郭某某保存了会计账簿。所以这两个人不是办理会计事务的人，不符合犯罪主体的要求，不构成隐匿会计凭证、会计账簿罪。

虽然这两个人不构成隐匿、故意销毁会计账簿犯罪，但他们明知会计账簿是涉案重要材料，仍将其转移隐藏，而且这样隐藏会计账簿的行为已经影响到公安机关对犯罪嫌疑人黄某的调查，那么刑法该如何来评价他们这种隐匿会计账簿的行为呢？二审法院认为，郭某某是犯罪嫌疑人黄某的妻子，明知丈夫犯罪，将涉案的账簿转移隐藏，她的目的就是为了帮助黄某逃避法律制裁，所以应该构成包庇罪。而郭某明知这些账簿涉案，在公安开展调查之后就主动交代并提供，行为上没有起到帮助黄某逃避的作用，所以不构成包庇罪。最后二审法院判决郭某某犯有包庇罪，郭某不构成犯罪。

通过对这个案件的分析可以看出，隐匿、故意销毁会计凭证、会计账簿、财务会计报告罪是一种职务犯罪，负责办理会计事务的人应该保存好会计账簿，遇到检查或者调查的时候负有提交的义务，如果违反这种义务就会构成犯罪。

这里要强调的是办理会计事务人员不一定是财务人员，有时候公司安排人员专门负责保管会计账簿，这些人不是财务人员，但也是负责会计事务的人员。所以，这个犯罪的主体应该是和公司会计事务有直接关系的人员，而与会计事务无关的人员隐匿或者故意销毁会计账簿的，有可能会构成其他犯罪，但不构成隐匿、故意销毁会计账簿罪。

我国刑法规定了400多个罪名，有时一个犯罪行为会触犯不同的罪名，这种现象很多，法律上把这种问题称为法条竞合。为了避免双重定罪，要选择适用法律规定，法条竞合原则是适用较重的罪进行处罚。比如，如果本案中的郭某某是公司财务人员，那么她的行为既触犯了包庇罪，又触犯了隐匿会计账簿罪，这时发生两个法条竞合现象，法院就要选择使用一个处罚较重的罪。包庇罪最高可以判到十年，而隐匿会计账簿罪量刑最高才五年，如果郭某某是财务人员，故意隐匿会计账簿构成犯罪的话，仍然应该适用包庇罪。

本案是上诉案件，按照“上诉不加刑”的原则，二审不会加重处罚。但是如果二审改判罪名，这个原则就不适用了，罪名改判之后，也有可能会加重判刑。一审判决郭某某犯有隐匿会计账簿罪，判处有期徒刑三年，郭某某不服，申请上诉，二审改判其犯有包庇罪，判处有期徒刑三年半，最终结果还是加重了刑罚。

常见问题

1. 隐匿、故意销毁会计凭证、会计账簿、财务会计报告造成损失，其他股东可以自己起诉吗？

答：隐匿、故意销毁会计凭证、会计账簿、财务会计报告案应当由公安机关侦查，但是根据《刑事诉讼法》第210条规定，被害人有证据证明对被告人侵犯自己人身、财产权利的行为应当依法追究刑事责任，而公安机关或者人民检察院不予追究被告人刑事责任的案件，可以由被害人向人民法院起诉要求追究被告人刑事责任。

罪名解读

一、犯罪行为

隐匿、故意销毁会计凭证、会计账簿、财务会计报告罪，根据《刑法》第162条之一的规定是指，隐匿或者故意销毁依法应当保存的会计凭证、会计账簿、财务会计报告，情节严重的行为。

本罪的主体是负责办理企业财务会计事务的人员，其在办理财会事务的过程中负有保管会计账簿、财务会计报告的义务，如果违反保管义务，故意进行隐匿、销毁，情节严重的，构成犯罪。所以，本罪主体不仅仅限于职务上的财务人员，还包括其他办理财会事务的人员。

本罪的主体可以是单位。

本罪的客观行为分为隐匿和故意销毁两种行为，隐匿是指在有关行政部门依法实施会计监督时，行为人应当提供会计凭证、会计账簿、财务会计报告，但是却隐藏起来拒不提供。故意销毁是指将明知按照会计档案管理的有关规定或者国家统一会计制度的规定应当存档或者保存的会计凭证、账簿、财务报告，以焚烧、水浸、撕毁等方式毁坏，让人无法找回或辨认，或者丢弃的行为。

二、立案标准

《最高人民检察院　公安部关于公安机关管辖的刑事案件立案追诉标准的规定（二）》第8条〔隐匿、故意销毁会计凭证、会计账簿、财务会计报告案（《刑法》第162条之一）〕规定，隐匿或者故意销毁依法应当保存的会计凭证、会计账簿、财务会计报告，涉嫌下列情形之一的，应予立案追诉：（1）隐匿、故意销毁的会计凭证、会计账簿、财务会计报告涉及金额在50

万元以上的；（2）依法应当向监察机关、司法机关、行政机关、有关主管部门等提供而隐匿、故意销毁或者拒不交出会计凭证、会计账簿、财务会计报告的；（3）其他情节严重的情形。

三、量刑幅度

隐匿、故意销毁会计凭证、会计账簿、财务会计报告，情节严重的，处五年以下有期徒刑或者拘役，并处或者单处 2 万元以上 20 万元以下罚金。单位犯本罪的，对单位判处罚金，并对其直接负责的主管人员和其他直接责任人员按照隐匿、故意销毁会计凭证、会计账簿、财务会计报告罪处罚。

精选裁判

一、田某隐匿、故意销毁会计凭证、会计账簿、财务会计报告案[1]

2013 年 12 月至 2015 年 12 月间，李某、陈某等人（均另

1. 天津市第一中级人民法院（2021）津 01 刑终 94 号刑事裁定书。

案处理）以程创公司对外宣传，公司开展 P2P 点对点投资、有限合伙融资等业务。他们未经批准，以高额利息为诱饵，采取随机拨打电话、发放宣传单、召开宣讲会等方式向社会公开募资，非法吸揽 270 余名投资人资金共计人民币 8900 余万元，截至案发尚有 8100 余万元未归还投资人。

2015 年底，为逃避检查和法律追究，李某、鲁某等人决定隐匿、销毁程创公司账目等证据材料。田某在鲁某、周某的指使下，雇车雇人将程创公司的会计账目等证据材料运走，予以隐匿、销毁。案发后，田某被公安机关抓获归案。

法院认为，田某曾参与过程创公司的财务管理工作，熟知翟某、高某系程创公司的财务人员并清楚涉案“城市别墅”系上述财务人员的办公地点。案发当日，田某在他人指使下雇用车辆和人员将存放于上述办公地点用于财务人员办公的电脑主机、档案材料等物品运走处理，其主观上应当明知被隐匿、销毁的系程创公司的会计凭证、会计账簿等财务资料，田某隐匿、故意销毁会计凭证、会计账簿、财务会计报告，情节严重。

法院判决：田某犯隐匿、故意销毁会计凭证、会计账簿、财务会计报告罪，判处有期徒刑三年六个月，并处罚金人民币 5 万元。

二、相某某、张某某、田某某犯隐匿、销毁会计凭证、会计账簿案[1]

2016年8月25日下午，相某某（山西奥斯迪公司法定代表人）和田某某在运城市纪委配合调查，田某某从市纪检委办案地点出来后，打电话告诉张某某（相某某妻子）。张某某让田某某将山西奥斯迪公司账本交给自己，随后田某某将公司的会计账簿、记账凭证及公司各部门与财务室业务相关的各种手续装在一个布袋子和两个纸箱内，在中银大道葡萄园北口交给了张某某。

当晚，相某某回到家后，张某某告知公司的财务资料在自己车上，相某某要了张某某的车钥匙，让她不要管，独自将张某某车后备箱内装有财务资料的一个布袋子和两个纸箱转移到自己驾驶的奔驰车上，后又将布袋子藏匿在家中客厅角柜后。

2016年8月31日，市纪委要求相某某提供会计凭证、会计账簿，相某某称，“2016年8月24日晚，我回到家后问我爱人账在哪，她说在车上，我要了她的车钥匙就下去了，一看有好几箱，我在小区门口挡了一辆黑车，付了1000元，对司机说，我要烧个东西，把车开到有流水的地方。我俩把东西搬

1. 山西省运城市盐湖区人民法院（2017）晋0802刑初109号刑事判决书。

到车上，我在后排。路上我很紧张，胡思乱想各种后果。不知什么时候，他把车停下了，我问他这是哪，他说汾河边。我俩把东西搬下来，我就把所有的账册烧掉扔河里了。回到运城6点左右，他又要了我500块钱”，还谎称所有账册已烧毁，拒不提供。

2016年10月，市纪委再次向相某某调取奥斯迪公司会计凭证、会计账簿，相某某仅提供其藏匿在家中客厅角柜的一部分奥斯迪公司会计凭证、会计账簿，声称放在晋M9×奔驰车后备箱内的奥斯迪公司会计凭证、会计账簿已丢失。

法院认为，相某某、田某某在配合运城市纪委调查期间，应当向运城市纪委提供，但拒不交出相关企业会计凭证、会计账簿。张某某既非该企业财务人员，也非负责人，却违规索要、保管该企业会计凭证、会计账簿，并导致其中部分会计凭证、会计账簿被隐匿，情节严重，其行为已构成隐匿、销毁会计凭证、会计账簿罪，依法均应负刑事责任。相某某在运城市纪委要求其提供相关企业会计凭证、会计账簿时，提供虚假材料，并且此后拒不提供全部财务资料，反映出其主观上存在隐匿、拒不交出相关企业会计凭证、会计账簿的明显故意，且情节严重。

虽然在案证据无法证实相某某、张某某、田某某事前有预谋，张某某、田某某的违法行为却属于相某某得以隐匿、销毁会计凭证、会计账簿的重要环节，客观上对相某某隐匿、拒不交出相关企业会计凭证、会计账簿起到了帮助作用。但综合全案，张某某、田某某的犯罪情节轻微，不需要判处刑罚，依法可以免予刑事处罚。田某某身为财会人员，明知《会计法》对公司财务人员的禁止性规定而从事帮助相某某隐匿、销毁会计凭证、会计账簿的行为，应予以训诫。

法院判决：相某某犯隐匿、销毁会计凭证、会计账簿罪，判处拘役六个月，并处罚金2万元。张某某犯隐匿、销毁会计凭证、会计账簿罪，免予刑事处罚。田某某犯隐匿、销毁会计凭证、会计账簿罪，免予刑事处罚。

三、范某某隐匿、故意销毁会计凭证、会计账簿、财务会计报告案[1]

2016年7月26日，范某某等人以蓬安县徐家镇某某村账务未公开，且存在问题需要查账为由，从徐家镇农业服务中心将该村2005年至2015年的会计凭证、会计账簿借走，并由范某某保管。在此期间，徐家镇人民政府、蓬安县纪委、蓬安县审计局等部门因工作开展需要，多次要求范某某交出该村会计凭证、会计账簿，范某某以镇政府未完全提供财务凭证，无法完成查账等理由拒绝提供，导致徐家镇某某村2015年之后的账务工作无法正常开展，县审计局无法完成对徐家镇2014

1. 四川省南充市中级人民法院（2020）川13刑终285号刑事裁定书。

年至2018年度脱贫攻坚专项审计、徐家镇人民政府无法完成农村集体资产清产核资工作。

2019年4月2日，蓬安县公安局民警从范某某家中转角衣柜上的一纸箱内搜出其所借的会计凭证、会计账簿并扣押。案发后，公安机关将扣押的会计凭证、会计账簿发还给了蓬安县徐家镇人民政府。

法院认为，涉案的蓬安县徐家镇某某村的会计凭证、会计账簿属于依法应当保存的会计资料范畴。根据《全国人民代表大会常务委员会法制工作委员会关于对“隐匿、销毁会计凭证、会计账簿、财务会计报告构成犯罪的主体范围”问题的答复意见》的规定，本罪的犯罪主体为一般主体，包括自然人和单位。会计凭证、会计账簿、财务会计报告是会计核算的主要依据，但本罪的主体不仅仅局限于财务会计工作人员。范某某因查账需要，借出某某村的会计凭证、会计账簿，是上述会计资料的保管人，符合本罪的主体要件。司法实践中，虽然多见于行为人为了隐瞒罪证、抗拒调查而实施隐匿会计凭证等资料的行为，但无论出于何种目的，均不影响本罪的成立。根据《最高人民检察院　公安部关于公安机关管辖的刑事案件立案追诉标准的规定（二）》的规定，依法应当向司法机关、行政机关、有关主管部门等提供而隐匿、故意销毁或者拒不交出会计凭证、会计账簿、财务会计报告的，应当立案追诉。

范某某借出涉案会计凭证、会计账簿是为了查账，具有寻求村务公开、保护村集体利益的良好初衷和愿望，但在徐家镇人民政府、蓬安县纪委、审计局等部门因开展工作需要，多次要求其交出涉案会计凭证、会计账簿时，其拒不提供，其行为已经构成隐匿会计凭证、会计账簿罪。

鉴于范某某已年满 68 周岁，系初犯，且未造成会计凭证、会计账簿损毁、灭失等不良后果，其犯罪情节轻微，不需要判处刑罚，可免予刑事处罚。

法院判决：范某某犯隐匿会计凭证、会计账簿罪，免予刑事处罚。

第十章

提供虚假证明文件罪

编者有话

中介机构违反合规应视为具有违法的故意

在证券市场中，为上市公司服务的有会计、审计、律师、评估等中介服务机构，它们提供专业服务，出具的证明文件具有公信力。所以，市场往往会以它们出具的专业报告作为依据进行商业交易。比如，一家上市公司要收购某家公司，那么就会对收购对象的资产进行评估，对经营业绩进行审计，有的还要求律师对整个公司经营合规情况进行调查，目的就是为了发现潜在的法律问题。

对一个公司发起的这种评估和调查被称为尽职调查。尽职就是要求各个专业机构的服务能够符合流程、尽到责任，只有这样中介机构出具的专业调查报告才是可信的，商业交易的依据才是真实的，不会发生受骗上当造成损失的情况。但是，现在证券市场中有些中介机构出具报告失实的问题越来越严重，这些问题往往当时发现不了，大多是在造成严重损失后才被发现的。2021 年 12 月五洋债券欺诈发行案被法院判决赔偿投资者 7 亿余元，该案中的中介机构德邦证券、大信会计师事务所、上海锦天城律师事务所、大公国际资信评估有限公司被判在相应范围内对五洋集团的债务承担连带赔偿责任。大信会计师事务所服务收费 60 万元，要承担 100% 连带赔偿责任。据媒体报道，其合计赔付了 4500 万元后声称无力再赔偿。不但如此，大信会计师事务所因为五洋债案，团队离职，客户解约，可能会发生破产倒闭。一次性的收费服务差点做垮一个会计师事务所，这样的事情实属少见。

这起案件发生在 2019 年《证券法》修改后，是首例中介机构未尽到勤勉责任被投资人索赔承担连带赔偿责任的案件。这一案例起到的警示作用是让失责者付出相应的代价。

在证券市场，中介机构不尽责的话，不仅要承担赔偿责任，还会涉及刑事犯罪，构成提供虚假证明文件罪。

有这么一起案件，2013 年底福建飞克公司的“飞克”商标权价值评估即将到期，因为要向当地农业银行办理续贷，所以要对“飞克”商标权重新进行资产评估。公司负责人林某 1 经中间人刘某 1 介绍找到具有评估资质的华天公司负责人熊某某，让熊某某帮忙出具一份评估报告，言下之意就是将评估价做高一点，这样有利于贷款。

熊某某找了一个没有资质的人员按照林某1提供的资料写了一份关于“飞克”商标权的评估报告初稿。写这份报告的人既没有对飞克公司的经营状况进行调查，也没有到公司现场进行查看，连熊某某自己都觉得这样做评估报告风险比较大，于是他找到中天泽公司负责人巫某某，让他出具评估报告。巫某某一看评估报告已经写好了，就直接在评估报告上签字，另外还冒充评估师王某2签名。

一份商标权资产评估报告就这样出炉了，评估下来“飞克”商标权估值21379.23万元，评估报告被提交给农业银行。整个商标权评估费用5万元，中间人刘某1拿走一半，还有一半熊某某和巫某某一人一半，各分了1.25万元。后来飞克公司用这个商标加上房产作为质押，从农业银行贷款4600万元，借款到期后一直逾期未还。银行要处置质押的商标和房产时才发现，商标权原来评估价太高，根本不值这么多钱，评估数据失实，于是向公安机关报案。案发后，公安机关委托其他资产评估公司对“飞克”商标权再次进行评估，价值只有14957.21万元，低了6422.02万元，估价虚高比例达42%。为此，熊某某和巫某某被指控犯有提供虚假证明文件罪，但是熊某某和巫某某都不承认，他们认为在评估的过程中虽然存在违规问题，但是自己没有提供虚假证明文件的故意。

故意犯罪是行为人的主观意识，一般情况下很难用证据去证明。特别是在作案的时候具有故意，时过境迁之后就不存在了，几乎没有办法证明这种思想活动。所以，刑法中对故意的认定都是从事后的行为倒推，来证实当时的故意意思。

法院认为，评估商标权资产价值应由有资质的专业人员负责，而且应该按照程序收集信息开展调查进行评估。但是熊某某对“飞克”商标权进行评估时，既没有专业人员负责，又没有进行现场调查，这种做法明显违反了评估要求，而且评估报告没有对评估人提供的资料进行核实。在评估过程中明知评估要求，但是不按照要求进行，即具有违规评估的故意。

违规评估造成对商标权评估价值虚高，用于质押担保结果造成了银行超额贷款4600万元，最后导致贷款无法收回损失扩大。这份评估报告是造成损失的一个关键因素。

我们可以假设一下，当时熊某某即使有评估作假的想法，但是巫某某按照正常的评估流程和要求进行评估，哪怕评估的价值偏离市场正常价值，评估价虚高一点，也很难证明他们具有提供虚假证明文件的故意。因为评估流程合规，不存在违规行为，也就无法证明存在作假的故意。虽然质押给银行结果会导致超额贷款造成坏账风险，但是因为评估没有作假故意，所以不能成立提供虚假证明文件罪。再退一步，也不能成立出具证明文件重大失实罪，因为该罪是过失犯罪，前提条件是行为人严重失责。如果在评估中流程和行为都合规，即使评估数据过高，最多也就是评估专业水平问题，不涉及过失犯罪。

中介机构的专业服务要按照合规流程要求进行，这才是防范刑事风险最好的屏障。

常见问题

1. 提供虚假文件过程中收受好处的该如何认定?

答：中介机构专业人员在故意提供虚假文件过程中收受好处构成受贿，同时又构成提供虚假证明文件罪的，根据法律规定应选择处罚较重的罪名定罪处罚。国家工作人员受贿的，按照受贿罪处罚。

2. 没有专业资质的人员可以构成提供虚假证明文件罪吗?

答：根据法律规定，提供虚假证明文件罪的犯罪主体是承担资产评估、验资、验证、会计、审计、法律服务等职责的中介机构的从业人员。但是如果参与了犯罪，即使没有专业资质也会成为同案犯，构成提供虚假证明文件罪。

罪名解读

一、犯罪行为

提供虚假证明文件罪，根据《刑法》第229条第1款的规定是指，承担资产评估、验资、验证、会计、审计、法律服务、保荐、安全评价、环境影响评价、环境监测等职责的中介组织的人员故意提供虚假证明文件，情节严重的行为。

本罪的主体是指依法成立的资产评估事务所、审计师事务所、会计师事务所、律师事务所、证券公司、公证处等专业工作人员，在负责提供专业服务时明知违反规定或者存在错误，故意提供虚假证明文件。根据《刑法》第231条规定，本罪的主体可以是单位。

虚假证明文件，主要指在资产评估、验资、验证、会计、审计、法律服务等方面出具虚假的有关证明文件，包括伪造的证明文件，也包括内容虚假的文件。

犯罪情节严重，主要是指故意提供虚假证明文件，手段比较恶劣，例如故意为违法犯罪活动提供方便和条件。具体情形有多次提供虚假证明的；违法所得数额巨大的；造成国有资产严重流失的；给公司、公司股东、债权人及其利益人造成严重经济损失的；提供虚假证明给公司用于进行非法发行股票，低价折股、低价出售国有资产、虚假出资等违法犯罪活动等。该罪必须情节严重才构成，情节不属严重，即使提供了虚假证明文件也不能以本罪论处。

二、立案标准

《最高人民检察院　公安部关于公安机关管辖的刑事案件立案追诉标准的规定（二）》第73条〔提供虚假证明文件案（《刑法》第229条第1款）〕规定，承担资产评估、验资、验证、会计、审计、法律服务、保荐、安全评价、环境影响评价、环境监测等职责的中介组织的人员故意提供虚假证明文件，涉嫌下列情形之一的，应予立案追诉：（1）给国家、公众或者其他投资者造成直接经济损失数额在50万元以上的；（2）违法所得数额在10万元以上的；（3）虚假证明文件虚构数额在100万元以上且占实际数额30%以上的；（4）虽未达到上述数额标准，但二年内因提供虚假证明文件受过二次以上行政处罚，又提供虚假证明文件的；（5）其他情节严重的情形。

三、量刑幅度

提供虚假证明文件，情节严重的，处五年以下有期徒刑或者拘役，并处罚金。有下列情形之一的，处五年以上十年以下有期徒刑，并处罚金：（1）提供与证券发行相关的虚假的资产评估、会计、审计、法律服务、保荐等证明文件，情节特别严重的；（2）提供与重大资产交易相关的虚假的资产评估、会计、审计等证明文件，情节特别严重的；（3）在涉及公共安全的重大工程、项目中提供虚假的安全评价、环境影响评价等证明文件，致使公共财产、国家和人民利益遭受特别重大损失的。

有提供虚假证明文件行为，同时索取他人财物或者非法收受他人财物构成犯罪的，依照处罚较重的规定定罪处罚。

单位犯本罪的，对单位判处罚金，并对其直接负责的主管人员和其他直接责任人员，依照本罪进行处罚。

精选裁判

一、房地产评估公司提供虚假证明文件案[1]

华天公司具备资产评估等相关资质，在泉州浦西万达广场商业综合体1号建筑以及丰泽街兴业银行泉州大厦设有经营点，主营抵押业务评估，时任法定代表人熊某某负责经营，上述二经营点业务及账目统一登记核算。

2013年底，福建飞克公司法定代表人和鑫威公司实际经营者林某1获悉，飞克公司之前用于追加质押贷款的鑫威公司所属“飞克”商标权价值评估报告将于次年到期。因该报告是飞克公司向晋江农行申请企业授信办理续贷所必需的文件，经刘某1介绍，鑫威公司委托华天公司对其所属“飞克”商标权进行资产评估。

熊某某为了牟利，指派不具有资产评估师资质的王某1根据鑫威公司提供的资料及2009年晋江市德诚资产评估公司为“飞克”商标权出具的评估报告，在未对鑫威公司企业经营状况等进行现场调查，未对评估获取充分信息并确定信息来源可

1. 福建省泉州市中级人民法院（2020）闽05刑终766号刑事裁定书。

靠情况下，出具了评估报告初稿。

因认为风险大，熊某某联系福州中天泽公司法定代表人巫某某，为“飞克”商标权出具资产评估报告，并将上述评估材料及初稿通过电子邮箱发送给中天泽公司。

巫某某明知上述评估报告初稿中“飞克”商标权价值虚高，但为牟利，又让公司员工蔡某冒名签署资产评估师王某 2 的名字，最后以中天泽公司名义出具编号为福中天泽资评字（2014）第 Q023 号资产评估报告，对上述商标权估值 21379.23 万元。熊某某收到评估报告后将其提供给晋江农行。

事后，鑫威公司支付评估费 5 万元，介绍人刘某 1 从中分得 2.5 万元，剩下 2.5 万元熊某某和巫某某两人平分。

2014 年 5 月至 8 月，飞克公司提供其名下房地产和“飞克”商标权评估报告作为质押担保，向晋江农行贷款 4600 万元。截至案发，上述银行贷款仍逾期未收回。

经厦门均达公司评估，鑫威公司所持有“飞克”商标在评估基准日 2013 年 12 月 31 日的评估值为 14957.21 万元。

经查，王某 1 不具备无形资产评估资质，也未现场调查，仅根据鑫威公司提供的资料写成评估报告初稿，信息真实性没有保证。在此基础上，中天泽公司仍违反程序出具评估报告。侦查机关委托其他评估公司，采用相同评估方法及口径所作评估报告认定涉案报告估值偏高。

“飞克”商标质押权和公司名下房地产共同为飞克公司贷款提供担保，“飞克”商标权估值高低直接影响晋江农行是否继续贷款给飞克公司以及贷款额度，评估报告对“飞克”商标权作出虚高估值，导致晋江农行错误续贷给飞克公司4600万元，该损失在案发时已客观存在。

法院认为，中天泽公司作为承担资产评估职责中介组织，熊某某、巫某某作为承担资产评估职责中介组织人员，故意提供虚假证明文件，情节严重，其行为均构成提供虚假证明文件罪。

法院判决：熊某某犯提供虚假证明文件罪，判处有期徒刑一年十一个月，并处罚金人民币1万元。福州中天泽公司犯提供虚假证明文件罪，判处罚金人民币2万元。巫某某犯提供虚假证明文件罪，判处有期徒刑二年，并处罚金人民币1万元。追缴熊某某、福州中天泽公司违法所得。

二、郭某某提供虚假证明文件案[1]

杭州某公司系P2P房产抵押借款中介公司，以促成房产抵押借款实现盈利。2014年7月，姜某1（另处）在某公司任职期间，得知张某2（已判决）欲购买经过公证的抵押房产，他在知道杭州地区公证处不能办理该委托公证的情况下，联系到河南省某公证处的公证员郭某某并要求出具委托事项属实的公

1. 杭州市西湖区人民法院（2019）浙0106刑初828号刑事判决书。

证书，郭某某在明知不属于其受理范围的情况下接受了委托。姜某1提供了房主徐某、谢某委托张某2全权处理涉案房产为抵押物的借款合同、抵押合同、涉案房产的抵押登记手续等事宜的委托书，张某2代笔的公证申请表，房主二人的身份证、户口本、结婚证等复印件，涉案房产产权证复印件等材料。

2014年8月初，郭某某及某公证处工作人员张某等人到杭州核实公证内容，郭某某为张某2制作了谈话笔录，在明知通过远程视频无法识别委托人身份的情况下，仍旧用视频方式核实委托人身份、委托事项。在视频核实中，姜某1明知远程视频中出现的系他人假冒的房主，仍以自己及某公司的名义向某公证处出具承诺书，承诺张某2所提供的资料真实有效、因公证书产生的法律责任由姜某1及某公司承担。2014年8月15日，郭某某在明知公证书内容可能虚假的情况下，以某公证处的名义出具了公证书。

2014年8月29日、2015年3月23日，张某2持该两份内容虚假的公证书以及涉案房产三证，先后与王某、陈某签订抵押借款合同，借款人系谢某、徐某，借款金额分别为人民币300万元和460万元，并先后到杭州市住房保障和房产管理局设立抵押权人为王某、金额300万元，抵押权人为陈某、最高限额800万元的抵押权登记。后张某2未及时还款，被陈某起诉至杭州市下城区人民法院。

2016年11月30日，杭州市下城区人民法院判决：张某2、谢某归还陈某借款本金460万元，利息39100元，按银行同期贷款利率的四倍支付自2015年4月10日起至实际履行之日的违约金，并支付律师费12万元；陈某有权就杭州市西湖区某花园一处房产拍卖、变卖或折价后所得价款优先受偿。经杭州市中级人民法院二审维持原判。杭州市西湖区某花园一处房产目前已被查封，尚未拍卖。

2016年9月23日，河南省某公证处以张某2提供虚假材料为由，撤销其所出具的上述公证书。

法院认为，郭某某作为公证员，故意提供虚假证明文件，情节严重，其行为已构成提供虚假证明文件罪。公诉机关的指控成立。郭某某犯罪以后自动投案，并如实供述自己的罪行，系自首，予以从轻处罚。郭某某自愿认罪认罚，本院酌情予以从宽处罚。

法院判决：郭某某犯提供虚假证明文件罪，判处有期徒刑一年，缓刑二年，并处罚金人民币5000元。

第十一章

出具证明文件重大失实罪

编者有话

审计发生重大错误，无法证实是故意的应属于过失犯罪

上市公司到每一个会计年度结束的时候，都会聘请会计师事务所出具财务审计报告。会计师事务所为上市公司出具审计意见，审计费用由上市公司支付，这种利益关系有时会影响审计独立发表意见的准确性。

有这么一起案件，检察院指控许某犯提供虚假证明文件罪，但是法院判决是犯出具证明文件重大失实罪。提供虚假证明文件罪是故意犯罪，出具证明文件重大失实罪是过失犯罪，

这是两个不同的罪行，但是行为人都是负责资产评估、验资、会计、审计、法律服务等专业人员，行为后果都是提供了不准确的专业意见造成严重损失。两个罪行的量刑轻重不一样，提供虚假证明文件罪的量刑处罚比出具证明文件重大失实罪要重。那么检察院指控的是较重的犯罪，为什么法院会轻判呢？我们来分析一下。

2015年，侨光公司想要在市场上融资，在武汉股权托管交易中心挂牌交易，然后再通过交易中心公开向市场融资。公司股权想要挂牌交易，那就要提供财务审计报告。为此，侨光公司委托武汉天信会计师事务所许某出具2013年、2014年、2015年1月到5月三份财务审计报告。侨光公司提供了其他会计师事务所以前做的三份审计报告作为资料让许某参考，许某未对数据真实性进行核实，就根据这三份文件草率出具了财务审计报告，2013年未分配利润为1283万元、2014年未分配利润为1526万元、2015年1月到5月未分配利润为2065万元。从审计结果来看，侨光公司连续三年盈利都超过1000万元，业绩还是非常不错的，所以报告提交给交易中心后，成功在武汉股权托管交易中心挂牌交易。之后在两个月的时间内，侨光公司从交易中心进行对外融资，有8名投资人共投资了335.4万元，可是融资后不到半年，2016年1月侨光公司突然破产了，投资人的钱全部损失。

这个事情引起了投资人的怀疑，半年前侨光公司对外融资的时候，审计意见还说公司连续三年盈利，每年盈利超过1000万元，还有数千万元的未分配利润，可是公司融到资金后仅过了半年时间就破产了，这个变化也太快了，投资人感觉被骗了，于是就报案了。

案件经过调查后发现，负责审计的许某涉嫌提供虚假证明文件罪，因为侨光公司的经营是亏损的，根本没有盈利，出具的财务审计报告是假的。一审判决许某犯有提供虚假证明文件罪，许某不服提起上诉认为自己无罪。他辩称，自己审计时所参考的数据都是侨光公司提供的，因为侨光公司提供的数据是假的，所以才会导致自己出具的审计报告失实。

案件上诉后，法院在审查中发现，许某在审计过程中没有对数据真实性进行审核。正是由于许某严重不负责任违反审计工作要求，才出具了失实的审计报告，导致投资人严重损失。检察院指控许某犯提供虚假证明文件罪，但是没有证据能够证实许某主观上有造假的故意，所以，法院认定许某的犯罪行为成立出具证明文件重大失实罪。

从这起案件可看出，法院在审判中，如果无法证实被告人故意虚构文件内容，那么往往会退一步证实两个问题，一是被告人出具失实证明文件和造成损失之间具有因果关系，二是被告人在出具证明文件过程中违反执业准则。如果都能证实，那么就成立出具证明文件重大失实罪。一般来说，出具失实证明文件的都会存在违反执业准则的情况，证明文件重大失实的表现就是数据或内容存在严重的差错，比如把业务亏损的做成了盈利，性质发生混淆，改变了所要证明的实质内容，最终让别人信以为真造成损失。

出具证明文件重大失实罪和提供虚假证明文件罪的立案追

诉标准不一样，出具证明文件重大失实行为要造成经济损失数额在100万元以上，或者有其他严重后果，比如说损失不到100万元，但是引发了受害人自杀的后果，那就属于要追诉的情形。相比之下，提供虚假证明文件行为的立案追诉标准就比较低了，只要造成经济损失数额在50万元以上，相当于出具证明文件重大失实行为立案追诉标准的一半。

提供虚假证明文件罪的立案追诉标准要比出具证明文件重大失实罪的标准低，但是证据证明要求反而要比出具证明文件重大失实罪高。出具证明文件重大失实罪的证明要求比较低，相应的指控犯罪的证据要求就会降低。证据要求低了，那取证就比较容易，对于公诉机关来说工作难度会相应降低。所以一般情况下，如果无法认定故意提供虚假证明文件罪，那么公诉机关就会退一步，选择取证比较容易、证明要求较低的出具证明文件重大失实罪进行指控，一样可以达到追究犯罪的目的。

罪与非罪，属于对犯罪构成的评价，此罪与彼罪，属于法律适用的问题。所以不一样的问题背后隐含着不一样的原则。

常见问题

1. 审计机构负责人草率签字，造成出具的证明文件重大失实，是否构成犯罪？

答：出具证明文件重大失实是过失犯罪，过失犯罪只有造成严重后果才会构成犯罪。出具证明文件重大失实行为的立案追诉标准是造成直接损失超过100万元。如果审计负责人草率签字，导致出具的证明文件发生重大失实，达到立案追诉标准的会构成犯罪。

2. 会计师事务所的负责人存在出具证明文件重大失实的刑事风险吗？

答：会计师事务所是法律规定的出具财务报告的专业服务机构，如果出具证明文件重大失实，造成严重损失的会涉嫌犯罪。单位犯罪的，其直接负责的主管领导和直接负责的承办人员应当承担刑事责任，会计师事务所的负责人不是涉案人员的不应承担刑事责任，但有可能要承担民事赔偿责任。

3. 如何理解单位犯罪中的直接负责的主管人员和直接责任人员？

答：直接责任人员是负责项目或者具体经办事项的人员，直接负责的主管人员是对办理项目情况进行审核检查的人员，一般是接受直接责任人员汇报的上级。直接责任人员和直接负责的主管人员都应该在出具的文件上签字，这是对出具的证明文件承担责任的法律依据。

罪名解读

一、犯罪行为

出具证明文件重大失实罪，根据《刑法》第229条第3款的规定是指，承担资产评估、验资、验证、会计、审计、法律服务、保荐、安全评价、环境影响评价、环境监测等职责的中介组织的人员严重不负责任，出具的证明文件有重大失实，造成严重后果的行为。根据《刑法》第231条，本罪的主体可以是单位。

出具的证明文件有重大失实是指，所出具的证明文件，在内容上存在重大的不符合实际的错误或者内容虚假。重大失实造成严重后果，主要是指给国家、集体或公民个人造成严重损失，以及在社会上产生特别恶劣影响等情况。在司法实践中，在下列几种情况下会认定出具证明文件重大失实罪：（1）出具的证明文件有重大失实，致使尚未达到公司注册资本最低限额的公司成立，公众因受欺骗，产生重大误解，作出错误投资决定而遭受重大经济损失的；（2）出具的证明文件有重大失实，导致公司、企业停产、停业或濒临倒闭的；（3）出具的资产评估报告不实，致使国有资产严重流失的；（4）工作严重不负责任，多次出具证明文件有重大失实，造成严重后果的。

根据《最高人民检察院关于公证员出具公证书有重大失实行为如何适用法律问题的批复》，《公证法》施行以后，公证员在履行公证职责过程中，严重不负责任，出具的公证书有重大失实，造成严重后果的，依照《刑法》第229条第3款的规定，以出具证明文件重大失实罪追究刑事责任。

二、立案标准

《最高人民检察院　公安部关于公安机关管辖的刑事案件立案追诉标准的规定（二）》第74条〔出具证明文件重大失实案（《刑法》第229条第3款）〕规定，承担资产评估、验资、验证、会计、审计、法律服务、保荐、安全评价、环境影响评价、环境监测等职责的中介组织的人员严重不负责任，出具的证明文件有重大失实，涉嫌下列情形之一的，应予立案追诉：（1）给国家、公众或者其他投资者造成直接经济损失数额在100万元以上的；（2）其他造成严重后果的情形。

三、量刑幅度

出具的证明文件有重大失实，造成严重后果的，处三年以下有期徒刑或者拘役，并处或者单处罚金。单位犯本罪的，对单位判处罚金，并对其直接负责的主管人员和其他直接责任人员，依照本罪进行处罚。

精选裁判

一、景某某出具证明文件重大失实案[1]

商丘市委、市政府办公新区新增项目、商丘火车南站站房工程决算，景某某作为该项目审计负责人，不认真履行审计职责，在张某某等人提交的供决算使用的合同、数据等资料存在大量虚假内容的情况下，不认真调查核实，就直接采纳使用。2003年9月，景某某将审核结果报给华某公司，华某公司据此对市委、市政府办公新区新增项目出具了内容重大失实的工程决算报告，审定金额为66970651.85元。2004年1月，景某某将对商丘火车南站站房工程的审核结果报给龙某公司，该公司据此对商丘火车南站站房工程出具了内容重大失实的决算报告，审定金额为25140198.23元。2007年8月，中审会计师事务所对上述两个工程进行决算，办公新区新增

1. 浙江省高级人民法院（2016）浙刑再2号刑事判决书。

项目审定金额为 30570765.21 元，南站工程项目审定金额为 18752046.76 元，以上两项合计审定数额为 49322811.97 元，合计审减数额为 42788037.11 元。由于景某某严重不负责任，致使商丘市委、市政府遭受了巨大的经济损失。

法院认为，景某某作为承担审计等职责的中介组织人员严重不负责任，出具的证明文件重大失实，造成严重后果，其行为已经构成出具证明文件重大失实罪。

法院判决：景某某犯出具证明文件重大失实罪，判处有期徒刑二年，并处罚金 2 万元。

二、亚太事务所出具证明文件重大失实案[1]

2013 年下半年，亚太事务所因江苏 A 公司发行中小企业私募债券，对该公司 2011 年度、2012 年度财务状况进行审计。亚太事务所负责此次审计，项目负责人胡某某违反审计准则，未尽审计职责，在未履行核实相关财务凭证、合同等必要审计程序的情况下，起草与 A 公司实际财务状况严重不符的审计报告初稿，虚增营业收入人民币 4.2 亿余元、利润 8800 余万元、资本公积 6500 余万元。陈某、秦某某作为此次发债审计报告的签字注册会计师，未尽审计勤勉职责，严重不负责

1. 上海市第一中级人民法院（2018）沪 01 刑初 97 号刑事判决书。

任，签名确认并出具含有上述重大失实财务数据的审计报告，使得A公司发行中小企业私募债成功。2016年7月债券到期后，A公司无力支付0.9亿元债券本息，造成投资人重大经济损失。

法院认为，亚太事务所及该公司直接负责的主管人员秦某某、陈某，其他直接责任人员胡某某严重不负责任，出具的证明文件重大失实，造成严重后果，其行为均已构成出具证明文件重大失实罪。

秦某某、陈某、胡某某均自动到案并如实供述，具有自首情节，同时亦认定亚太事务所具有自首情节，对上述被告人及被告单位均依法从轻处罚。秦某某、陈某、胡某某在审理期间有退缴违法所得及预先缴纳罚金等认罪、悔罪表现，酌情从轻处罚。

法院判决：亚太事务所犯出具证明文件重大失实罪，判处罚金人民币30万元。秦某某犯出具证明文件重大失实罪，判处有期徒刑一年六个月，缓刑一年六个月，并处罚金人民币5万元。陈某犯出具证明文件重大失实罪，判处有期徒刑一年六个月，缓刑一年六个月，并处罚金人民币5万元。胡某某犯出具证明文件重大失实罪，判处有期徒刑一年六个月，缓刑一年六个月，并处罚金人民币5万元。

三、杨某某等人出具证明文件重大失实案[1]

利安达会计师事务所浙江分所因某某公司发行中小企业私募债对该公司2011年度、2012年度财务状况进行审计。杨某某、陈某某等人违反审计准则，按照某某公司授意，在未核实财务凭证的情况下对某某公司营业收入、净利润进行重大调整，虚增营业收入人民币3.4亿余元、净利润6357余万元、资本公积金6556余万元。王某某、徐某二人未对某某公司审计报告及底稿进行审计及复核审查，严重不负责任，在含有重大失实财务数据的审计报告上签名确认，使得某某公司发行中小企业私募债成功。至2016年7月债券到期后，某某公司无力支付1亿元债券本息，造成投资人重大经济损失。

法院认为，利安达会计师事务所浙江分所承接某某公司审计项目后，杨某某、陈某某、王某某、徐某在涉案期间均系利安达会计师事务所浙江分所的注册会计师。审计期间未按审计准则要求对某某公司账外收入和股东捐赠情况进行审计，虚增了某某公司营业收入、净利润和资本公积金，出具了上述内容重大失实的审计报告，造成被害人遭受巨额经济损失的严重后果，其行为构成出具证明文件重大失实行为。

1. 上海市第一中级人民法院（2017）沪01刑初80号刑事判决书。

杨某某作为利安达会计师事务所浙江分所副所长和某某公司审计项目的负责人，在出具证明文件重大失实活动中实施了组织、管理等行为，系直接负责的主管人员，其行为构成出具证明文件重大失实罪。陈某某作为利安达会计师事务所浙江分所注册会计师和某某公司审计项目的现场负责人，在出具证明文件重大失实活动中实施了现场审计和初稿起草等行为，系直接责任人员，其行为构成出具证明文件重大失实罪。王某某作为公司法定代表人授权的签字注册会计师，在未按审计准则对某某公司审计报告进行审核的情况下草率签发审计报告，系直接负责的主管人员，其行为构成出具证明文件重大失实罪。徐某作为利安达会计师事务所浙江分所的注册会计师，在未实际参与某某公司审计项目现场审计的情况下，应杨某某要求在某某公司审计报告上署名，系直接责任人员，其行为构成出具证明文件重大失实罪。

杨某某、陈某某、王某某、徐某在出具证明文件重大失实行为中所处地位、所起作用不同，但不足以区分主从犯，可在具体量刑时酌处。杨某某等 4 人均系接到公安机关电话通知后自动到案，到案后对于涉案事实均作了供述，故可以认定 4 人均具有自首情节。杨某某、陈某某、徐某在案发前实施串供等行为，应予从严惩处。杨某某在家属帮助下能自愿补偿被害人一定经济损失，可予从轻处罚。综合上述量刑情节，可对 4 人均予从轻处罚，并适用缓刑。

法院判决：杨某某犯出具证明文件重大失实罪，判处有期徒刑二年，缓刑三年，并处罚金人民币 10 万元。陈某某犯出具证明文件重大失实罪，判处有期徒刑一年六个月，缓刑二年，并处罚金人民币 5 万元。王某某犯出具证明文件重大失实罪，判处拘役六个月，缓刑六个月，并处罚金人民币 5 万元。徐某犯出具证明文件重大失实罪，判处有期徒刑六个月，缓刑一年，并处罚金人民币 5 万元。

第十二章

编造并传播证券、期货交易虚假信息罪

编者有话

董事会秘书不作为的刑事责任风险

上市公司董事会秘书是一个光鲜的职业，也属于上市公司的高管，主要负责上市公司证券方面的事务，负有对外及时、准确、完整披露信息的责任。可是披露信息有可能被利用作为证券犯罪的一种手段，如果董事会秘书不作为的话，往往就会沦为犯罪同伙。

2015 年，深圳某上市公司董事会秘书林某某就被卷进了一起编造并传播证券交易虚假信息案。当年 5 月 8 日，董事长滕某某召开董事会会议审议通过了《关于使用自有资金投资厦门国际银行的议案》，该议案的内容是公司使用自有资金2.25亿元认购厦门国际银行增发的3000万股股份，根据公司章程，董事会通过议案后需要召集临时股东大会进行审议。

2015年5月正值股市迎来一轮大牛市，大盘在不断往上涨。该公司这份公告披露的内容属于利好消息，一家食品行业的上市公司出资2.25亿元投资银行，要跨界进入金融行业。这个消息立即引爆了股价，从5月11日周一股价开盘后就一路上涨，10个交易日股价从18元一直最高涨到32元，涨幅超过60%，而同期深证成指只上涨了20%。

可是到了5月22日这一天，董事长滕某某突然又召开董事会会议，审议通过了《关于取消厦门国际银行投资事项和取消临时股东大会的议案》，公司对外公告称，因为在投资协商过程中，部分细节内容未能达成一致意见，所以公司决定终止本次投资事项。原来准备提交临时股东大会讨论的，现在没有必要再进行审议了。为此，该公司当天发布公告取消了股东大会。

这个事情有点蹊跷，两周前董事会审议同意要投资2.25亿元，可是仅过了10天，董事会又决定取消投资。当时大多数人都被蒙在鼓里，还以为真是因为该公司说的合作细节没有谈拢，投资不成功是一件正常事情。但是高手一看就知道十有八九是忽悠。为什么呢？因为，董事会讨论通过的投资议案本身就是确定的方案，不存在未谈完的细节问题，也不可能是没有谈好的事情。董事长和公司高管都应该知道没有谈好的事情随时有可能发生变数，所以是不可能提交董事会审议表决的。现在说董事会竟然审议通过了没有谈好的投资方案，那肯定是董事长一手操控了董事会，要不然这种不确定的议案是无法获得通过的。另外，按照该公司 2015 年第一季度财务报告显示，公司账上现金余额只有 1.24 亿元，投资却要 2.25 亿元，公司公告说投资资金是自有资金，那资金从何而来？所以从这两个方面来看，这个投资本身就有问题，作为董事长从一开始就应该知道这件事是做不成的。

那么这到底是怎么回事呢？原来董事长滕某某知道该公司没有钱投资，但是他仍然假装与厦门国际银行进行洽谈，还擅自签订了《增资协议》，然后操纵董事会审议通过，让董事会秘书林某某对外发布公告。董事会秘书当然知道公司的情况，《增资协议》就是根本无法履行的一纸空文，但是没有办法，他要听从董事长安排，只得丧失了原则放弃了职责，从那时起就沦为董事长的同伙，参与了编造并传播虚假信息犯罪。

董事会通过决议要提交股东大会审议，如果股东大会审议通过后履行不了那就麻烦大了，所以要在开股东大会之前取消。按照该公司的规则，董事会公告召开临时股东大会要提前 15 天，如果要取消只要提前 3 天。董事会对外公告原来准备在 5 月 25 日召开股东大会，到了 5 月 22 日这一天，董事会又对外公告取消了股东大会，不再审议投资议案。其实这个安排，董事长和董事会秘书在决定召开时就已经暗暗盘算好了，过 10 天就取消股东大会，对外公告只不过是掩护操纵股价的一个烟幕弹而已。

那么他们这样做有什么好处呢？董事长滕某某和董事会秘书林某某二人的上述行为造成公司股票的交易价格在10个交易日内上涨超过60%，扰乱了市场交易，造成了严重后果。但对于董事长滕某某来说，这样一来他持有的公司股票市值增长了60%，在高位减持就能赚到更多钱，即使质押出去也能借到更多的钱。他这样做目的就是让自己从证券市场获得更大的利益。在整个编造并传播证券交易虚假信息过程中，董事长才是最大利益的获得者，而董事会秘书却被裹挟着成为了牺牲品，涉嫌编造并传播证券交易虚假信息罪。

法律规定董事会秘书应按照要求如实、完整、及时披露上市公司信息，董事会秘书对此负有责任。如果知道信息有问题，但不负责任听之任之不管不问就发布了，那么实际上就违反了职责，在主观上构成放任违法行为发生，属于间接故意，当违法行为产生严重后果时就会构成犯罪。

编造并传播证券、期货交易虚假信息行为致使交易价格和交易量异常波动背离大盘波动，造成投资人直接损失超过50万元，或者自己获利超过5万元，属于严重后果，应当受到立案追诉。在公司对外发布公告后，编造的虚假信息就被传播了出去，这时候董事会秘书林某某也就成为了董事长滕某某的同案犯，董事长是主犯，董事会秘书是从犯，一起故意实施了犯罪行为。董事长滕某某在犯罪的过程中获取了非法利益，而董事会秘书虽然没有获得犯罪利益，但是客观上起到了帮助犯罪的作用。最后法院判处董事长滕某某有期徒刑三年，缓刑四年，董事会秘书林某某有期徒刑一年六个月，缓刑二年。

常见问题

1. 编造上市公司开会内容影响股价交易的行为，是否构成犯罪？

答：编造上市公司开会内容，如果是属于无中生有的虚假内容，而且通过互联网平台对外进行传播，造成股价背离市场发生大幅波动，扰乱市场交易造成严重后果的，构成犯罪。如果仅仅是编造会议内容对外发布，没有产生严重后果，则属于编造并传播虚假信息行为，不会构成犯罪。

2. 编造并传播证券、期货交易虚假信息的主体是不是只有证券市场的从业人员？

答：本罪的主体是一般主体，可以是证券从业人员，也可是上市公司董事、监事、高级管理人员等其他人员，一般是有条件可以编造或者传播虚假信息的人。犯罪主体可以是自然人，也可以是单位。单位犯罪的，对其直接负责的主管人员和其他直接责任人员应当处五年以下有期徒刑或者拘役。

罪名解读

一、犯罪行为

编造并传播证券、期货交易虚假信息罪，根据《刑法》第181条第1款的规定是指，编造并且传播影响证券、期货交易的虚假信息，扰乱证券、期货交易市场，造成严重后果的行为。

本罪的主体可以是单位。

编造行为是指无中生有没凭没据凭空臆想捏造根本不存在的影响证券、期货交易的所谓事实。同时，编造也应该包括对于已有的事实进行加工篡改和歪曲。传播行为是指通过纸质或者网络媒体、证券期货交易系统、报告会或者咨询电话等各种形式把编造的虚假信息向不特定或多数人散布并让他们知悉。本罪行为包括编造和传播，须同时具备，缺一不可。有人编造，有人传播，结伙作案，构成共同犯罪。[1]

影响证券、期货交易的虚假信息，是指能对证券、期货交易价格或价格指数产生影响的虚假信息。这里作为编造和传播

1. 王守俊：《编造并传播证券、期货交易虚假信息罪适用问题论析》，载《经济研究导刊》2016年第31期。

对象的虚假信息从内容上看不应该有任何限制，无论是哪方面的信息，只要足以影响证券、期货交易就可以。[1]这里的信息分为两部分：（1）“影响证券交易的虚假信息”，主要指可能对上市公司股票交易价格产生较大影响的虚假信息，如涉及公司分配股利或者增资的计划的信息等。（2）“影响期货交易的虚假信息”，主要是指可能对期货合约的交易产生较大影响的虚假信息，如有关会议内容、市场整顿措施、税率调整、新品种上市等。

编造并传播证券、期货交易虚假信息，扰乱证券、期货交易市场，造成严重后果，是指虚假信息的编造和传播对证券、期货交易市场的交易价格或价格指数产生影响，如导致交易品种价格或市场价格指数大涨、大跌或发生剧烈波动。证券交易市场，是指资本证券交易市场，交易品种是资本证券，包括股票、债券、基金和证券衍生品种四大类。[2]

二、立案标准

《最高人民检察院　公安部关于公安机关管辖的刑事案件立案追诉标准的规定（二）》第32条〔编造并传播证券、期

1. 2. 王守俊：《编造并传播证券、期货交易虚假信息罪适用问题论析》，载《经济研究导刊》2016年第31期。

货交易虚假信息案（《刑法》第181条第1款）〕规定，编造并且传播影响证券、期货交易的虚假信息，扰乱证券、期货交易市场，涉嫌下列情形之一的，应予立案追诉：（1）获利或者避免损失数额在5万元以上的；（2）造成投资者直接经济损失数额在50万元以上的；（3）虽未达到上述数额标准，但多次编造并且传播影响证券、期货交易的虚假信息的；（4）致使交易价格或者交易量异常波动的；（5）造成其他严重后果的。

三、量刑幅度

编造并且传播影响证券、期货交易的虚假信息，扰乱证券、期货交易市场，造成严重后果的，处五年以下有期徒刑或者拘役，并处或者单处1万元以上10万元以下罚金。单位犯本罪的，对单位判处罚金，并对其直接负责的主管人员和其他直接责任人员，处五年以下有期徒刑或者拘役。

精选裁判

一、滕某某、林某某编造并传播证券、期货交易虚假信息案[1]

2015年5月，海欣股份的董事长滕某某在明知公司不具备实际履约能力的情况下，仍代表海欣股份假意与厦门国际银行洽谈协商，违规擅自签订《关于海欣食品股份有限公司与厦门国际银行股份有限公司之增资协议》(以下简称《增资协议》)，且决定将该虚假信息予以公告发布。

2015年5月9日，董事长滕某某授意公司董事会秘书林某某对外发布公告，林某某明知海欣股份不具备实际履行《增资协议》的能力，该信息存在虚假性的情况下，仍将公告对外发布。滕、林二人的上述行为造成股票“海欣食品”(证券代码：002702)的交易价格异常波动，扰乱了证券交易市场，已造成严重后果。

法院认为，滕某某伙同林某某编造并且传播影响证券交易的虚假信息，扰乱证券交易市场，造成严重后果，其行为均已

1. 上海市第二中级人民法院（2018）沪02刑初27号刑事判决书。

构成编造并传播证券交易虚假信息罪。滕某某如实供述了自己的罪行；林某某自动投案，并如实供述自己的罪行，系自首；滕某某、林某某具有悔罪表现，均已预缴罚金。

法院判决：滕某某犯编造并传播证券交易虚假信息罪，判处有期徒刑三年，缓刑四年，并处罚金人民币 10 万元；林某某犯编造并传播证券交易虚假信息罪，判处有期徒刑一年六个月，缓刑二年，并处罚金人民币 10 万元。

二、王某某犯编造并传播证券交易虚假信息案[1]

2000 年 10 月 12 日及 13 日，王某某借用他人资金 100 万元，买进某某股票 9 万股。随即，他以某公司的名义，向某证券交易所发出匿名信，提出要收购某某股票的虚假意向。然后他又采取信函、传真、电话等方式，以某公司的名义，向某特区《证券报》通报虚假的收购消息，要求刊登公布。

2000 年 11 月 20 日，某特区《证券报》发布了“某公司致函本报向社会公告收购某某股票”的消息。该消息称：到 11 月 25 日下午 2 时 15 分，某公司已经持有某某股票的 6%，并表示收购该股票。消息一出，引起股市很大震动，该股票价格

1. 朱明利、陈雨凡：《编造并传播证券、期货交易虚假信息罪的法律规定、构成要件、立案标准——广州刑事辩护律师》，http://www.gzsusonglvshi.com/2020/wlfz_3027/339.html，最后访问日期：2022 年 11 月 11 日。

飞涨。到 11 月 27 日下午，当某某股票的价格由 10.30 元升至 13.35 元时，王某某将持有的 9 万股某某股票全部抛售。11 月 28 日，国家证券管理部门就此次虚假信息进行了澄清：指出根本没有收到某公司的收购报告，工商部门也没有某公司的企业登记记录，某证券交易所也没有某公司的开户和交易记录。于是某某股票价格大幅下跌，造成许多受虚假信息诱骗买进该股票的中小股民遭受严重经济损失。

法院认为，王某某首先以某公司的名义，向某证券交易所发出匿名信，提出要收购某某股票的虚假意向，然后又用信函、传真、电话等方式，以某公司的名义，向某特区《证券报》通报虚假的收购消息，要求公布。由于王某某编造虚假信息造谣惑众，引起某某股票在股市的价格猛涨狂跌，造成众多中小股民损失严重。根据 1999 年《刑法修正案（一）》第 5 条规定，王某某的行为符合编造并传播证券、期货交易虚假信息罪的犯罪构成要件，应当依法惩处。

法院判决：王某某犯编造并传播证券交易虚假信息罪，判处有期徒刑七年，并处罚金 5 万元，没收其全部违法所得。

第十三章

诱骗投资者买卖证券、期货合约罪

编者有话

诱骗投资和诈骗的区别

诱骗和诈骗都是骗，但是骗的对象不同。我们这里说的诱骗的对象是投资者，诱骗所达到的目的是让投资者买卖证券、期货合约，这和诈骗钱财不一样。虽然犯罪手法上都是用虚假的信息让被害人信以为真，从而行骗成功，但是最后的结果却是不一样的。诈骗是骗取到他人的钱财占为己有，而诱骗只不过是引诱投资者交易，没有直接骗到投资者的钱财。这两种行为的结果不一样，所以刑事责任也不一样，诱骗投资者买卖证券行为相对于诈骗在处罚上要轻很多。

有一起案件发生在2018年，庞某在境外注册成立了一家期货公司，专门用来买卖交易国外期货市场伦敦金合约。庞某回到国内招募了十几个人，帮助他寻找客户一起参与买卖伦敦金期货合约。为此，这个境外公司还专门签发了授权文件，同意国内招募的人员通过推荐客户从中赚钱。

客户买卖了伦敦金合约后，庞某会按照业绩分给招募来的人好处费。这些人按照分工，先将客户拉入已经开好的微信群或者QQ群，然后每个人扮演自己的角色，有的在群里冒充公司客服经理，还给客户发送课堂链接，有的冒充投资理财老师教授如何下单买卖伦敦金期货，还有一些人伪装成投资者在群里活跃气氛，发送赚钱截图到群里哄骗客户。群里各种假身份互相配合，营造出跟着理财老师一起学投资赚钱的假象。在群里的客户看到这种能够赚钱的消息，按捺不住也开始跟着尝试，一开始发现确实能够赚点小钱，慢慢地交易的钱就越来越多。

案发后，庞某和招募来的这些人涉嫌团伙诈骗，都被公安机关采取强制措施，庞某是组织者，属于主犯，其他人在共同犯罪中起到了次要作用，是从犯。经过调查发现，被害人夏某直接被骗了100多万元，还有其他一些人被骗了10多万元。其中一些钱被庞某当作好处费分发了。

一审判决认定庞某构成诈骗罪，庞某不服上诉，律师为庞某辩护称，案件的性质是涉嫌诱骗投资者买卖期货合约罪，不是诈骗罪。因为行为人虽然在犯罪过程中虚构了事实，但没有直接骗取投资者的钱，而是诱骗投资者买卖期货合约，从整个犯罪过程来说，庞某招募这些人在群里营造交易赚钱的假象，诱骗投资者在平台上买卖期货伦敦金都是真实交易，投资者的钱并没有被骗走，也没有遭受损失。由此，律师辩护称，庞某的行为不具有诈骗罪中将钱财占为己有的特征，整个犯罪行为符合诱骗投资者买卖期货合约罪的构成要件。如果按照诱骗投资者买卖期货合约罪来进行认定，由于没有造成投资者损失，犯罪情节比较轻，可能判处拘役。

根据刑法规定，诈骗罪的判刑结果要比诱骗投资者买卖期货合约罪严重得多，最高量刑可以达到无期徒刑，而诱骗投资者买卖期货合约罪最高也只有十年有期徒刑。这两个罪在行为表现上有时是差不多的，但是在量刑处罚轻重结果上差别却很大。律师辩护的目的总是为了减轻被告人的处罚，如果辩护有理有据被法庭采纳，被告人就会得到从轻处理。

律师请求二审法院改判为诱骗投资者买卖期货合约罪，二审法院认为，即便境外公司在国外合法注册，并出具了经营授权许可，但是该公司在境内未获取从事期货交易业务的资格。庞某等人提供的“伦敦金”交易也非境内许可交易的期货合约，所以相关行为不能以诱骗投资者买卖期货合约罪予以评价。二审法院认为，庞某一伙人引诱投资者买卖国外期货合约，投资的钱最终流入主犯庞某的个人账户，所以符合诈骗罪构成要件，维持原判诈骗罪。

从这起案件来看，诱骗投资者买卖期货合约罪的犯罪行为应该是具有合法证券从业资格的从业人员或者监督管理人员诱骗投资者买卖在国内登记注册得到许可的证券或者期货合约。即使国外的证券从业人员来到国内，引诱投资者买卖国外的证券、期货合约，只要没有国内的许可，就不符合本罪的构成要件。从某种角度来说，诱骗交易犯罪是一种身份犯罪，只有证券从业人员可以构成犯罪，而诈骗犯罪的主体是一般主体，没有身份限制。刑法中规定了很多种身份犯罪，比如贪污罪和受贿罪，都是要求行为人具有国家工作人员的身份，不是国家工作人员的，就会构成职务侵占罪和非国家工作人员受贿罪。所以同样一种犯罪行为，由不同身份的人实施，构成的罪名是不一样的，处罚的结果也不一样。

设置诱骗投资者买卖证券 、期货合约罪是为了惩罚证券从业人员传播不实消息扰乱市场交易秩序的行为，立案追诉标准和诈骗罪有很大差别。诈骗罪的立案追诉标准是被骗财产损失数额超过3000元，但是诱骗投资者买卖证券、期货合约罪的立案追诉标准是被骗投资直接损失超过50万元，这两者之间差距非常之大，也说明了诈骗的严重程度要大于诱骗投资。

常见问题

1. 在网络上教人炒股造成投资者损失会构成诱骗投资者

买卖证券罪吗？

答：在网络上教人炒股，一般是基于技术和消息面分析来教别人炒股，因为行为人一般没有利用虚假的信息去诱导投资者买卖，所以不会构成诱骗投资者买卖证券罪。但是如果编造虚假信息，造成严重后果的，会构成编造并传播证券交易虚假信息罪。

2. 伪造交易记录隐瞒事实，影响投资者交易，会不会构成诱骗投资者买卖证券、期货合约罪？

答：证券从业人员如果伪造、变造毁灭交易记录，目的是隐瞒某些可能影响投资者买卖证券的事实，这种情况下让投资者产生违背自己意愿的交易决定，原本想卖出的，后来受到影响没有卖出，就属于诱骗投资者买卖证券、期货合约的行为，造成严重后果的构成犯罪。

罪名解读

一、犯罪行为

诱骗投资者买卖证券、期货合约罪，根据《刑法》第181条第2款的规定是指，证券交易所、期货交易所、证券公司、期货经纪公司的从业人员，证券业协会、期货业协会或者证券期货监督管理部门的工作人员，故意提供虚假信息或者伪造、变造、销毁交易记录，诱骗投资者买卖证券、期货合约，造成严重后果的行为。

本罪的主体可以是单位。

本罪中的“虚假信息”可以是行为人自己编造的，也可以是从其他人那里获得的，包括中介机构出具的虚假陈述内容。这种虚假信息应对证券交易价格产生影响，如果是对证券交易没有影响的信息，则不属于本罪的虚假信息。行为人提供虚假信息的目的可能有多种，比如增加交易佣金，也可能是规避其他损失。不管出于何种目的，只要提供虚假信息导致投资者进行交易即成立诱骗行为。

交易记录是重要的凭证，从中可以看出证券交易价格涨跌的情况，如果伪造、变造交易记录，就会误导投资者买卖证券从而损害投资者的权益。行为人伪造、变造、毁灭交易记录，主要目的就是掩盖、隐瞒某些可能会影响投资者买卖证券的事实，以达到诱骗投资者违背其真实意愿进行交易的目的。隐瞒的事实还包括：证券经营机构将自营业务与代理业务混合操作；证券经营机构违背客户指令为其买卖证券；证券登记擅自将保管证券用于抵押等违反国家规定的事实。

诱骗投资者买卖证券、期货合约罪中涉案的投资者是自己作出决定的，但是这个决定是因为行为人提供了虚假信息，使投资者违反了自己本来的意愿而作出的决定。

诱骗投资者买卖证券、期货合约行为应该造成严重后果，比如给投资者造成直接财产损失超过50万元，或者结合证券市场行情进行综合分析认定，行为人的诱骗行为导致证券公司、企业倒闭、破产，给其他证券权利人造成重大损失，或者诱发了社会不安定事件。

二、立案标准

《最高人民检察院　公安部关于公安机关管辖的刑事案件立案追诉标准的规定（二）》第33条〔诱骗投资者买卖证券、期货合约案（《刑法》第181条第2款）〕规定，证券交易所、期货交易所、证券公司、期货公司的从业人员，证券业协会、期货业协会或者证券期货监督管理部门的工作人员，故意提供虚假信息或者伪造、变造、销毁交易记录，诱骗投资者买卖证券、期货合约，涉嫌下列情形之一的，应予立案追诉：（1）获利或者避免损失数额在5万元以上的；（2）造成投资者直接经济损失数额在50万元以上的；（3）虽未达到上述数额标准，但多次诱骗投资者买卖证券、期货合约的；（4）致使交易价格或者交易量异常波动的；（5）造成其他严重后果的。

三、量刑幅度

诱骗投资者买卖证券、期货合约，造成严重后果的，处五年以下有期徒刑或者拘役，并处或者单处1万元以上10万元以下罚金；情节特别恶劣的，处五年以上十年以下有期徒刑，并处2万元以上20万元以下罚金。

单位犯本罪的，对单位判处罚金，并对其直接负责的主管人员和其他直接责任人员，处五年以下有期徒刑或者拘役。

精选裁判

一、某证券公司诱骗投资者买卖证券案[1]

张某某系某证券公司总经理。2010年7月，其获悉甲投资公司欲投入巨额资金狂炒H上市公司股票的信息。张某某明知该信息可能失实，但为了扩大交易量完成全年利润指标而责令大厅

1. 邓隆炎：《证券公司从业人员发布失实信息诱骗投资者买卖股票，该如何认定?》，https://www.fabao365.com/jinrongzhengquan/180460/，最后访问日期：2022年11月11日。

交易员将此信息透露给一些在本营业部开户的投资者。投资者受到信息的诱惑，大量购进H上市公司的股票，以期待股价上扬时抛出。后甲投资公司发现H上市公司的新产品项目存在无法克服的技术障碍，决定放弃该投资计划。不久，H上市公司公布了下半年报表、市盈率、每股收益率，与媒体宣传的相差甚远，其股票连续几天跳水，持有H上市公司股票的投资者损失惨重。

法院认为，本案中某证券公司总经理张某某明知甲投资公司购买H上市公司股票的信息可能不真实，为了多收取佣金完成本单位利润指标，故意将信息提供给投资者，诱骗投资者买卖该股票，造成投资者重大损失的行为符合单位犯罪的构成特征，某证券公司构成诱骗投资者买卖证券罪，张某某作为单位犯罪中的直接责任人员，依法应承担相应的刑事责任。

法院判决：某证券公司的行为已构成诱骗投资者买卖证券罪；张某某是直接责任人员，应当承担刑事责任。某证券公司犯诱骗投资者买卖证券罪，判处罚金50万元；张某某犯诱骗投资者买卖证券罪，判处有期徒刑五年，并处罚金5万元。

二、某证券公司董事长贾某诱骗投资者买卖证券案[1]

某化妆品公司经过中国证监会批准上市后对外公开发行股

1.《案说101个罪名｜㊷诱骗投资者买卖证券、期货合约罪》，https://m.thepaper.cn/baijiahao_20435129，最后访问日期：2022年11月11日。

票募集资金，并委托某证券公司承销。贾某是某证券公司的董事长兼总经理。贾某在董事会上提议通过召开新产品新闻发布会，夸大某化妆品公司经营业务和经济实力的方法，来鼓动投资者购买股票。这时一些董事会成员对贾某这一主张提出了反对意见，认为这样做会误导投资者，风险很大。但是贾某坚持要通过这个决议。董事会的决议形成以后，贾某和其他董事会成员购进某化妆品公司大量股票，然后让其他人也大量买进股票，认为后面可以赚一笔钱。事实上此前贾某和其证券公司董事会其他主要成员已经从市科学技术委员会处获悉某化妆品公司的新产品开发遇到了无法克服的障碍，按照现有的技术条件是无法进行突破的。但是贾某不顾这个事实依然决定召开董事会通过决议，联合某化妆品公司一起对外召开新闻发布会。

新闻发布会当天，某化妆品公司股价迅速上涨，随后一路上扬，涨幅高达三倍。市场上大批投资者看到后竞相买进。但是一个多月后，某证券公司又通过新闻媒体披露某化妆品公司新产品研发失败的消息，导致股价一路狂跌。很多投资者都遭受了重大损失，他们当时买进这个股票就是因为听信了新闻发布会发布的消息。贾某和某证券公司董事会主要成员早已趁着某化妆品公司股价涨幅较大的时候全部抛售了，赚取了巨额利润。这个问题被举报了。

通过调查，纪委发现某证券公司董事长涉嫌违法犯罪的问题，将其移交给司法机关处理。经过调查审理，法院认为某证券公司董事长贾某在明知某化妆品公司开发的产品不具有实现条件的情况下，为了自己获取非法利益，对外发布新闻进行虚假宣传，诱骗投资者购买股票，给投资者造成重大利益损失，其行为已经构成了诱骗投资者买卖证券罪和内幕交易罪。

法院判决：贾某犯诱骗投资者买卖证券罪，判处有期徒刑一年，缓刑一年；犯内幕交易罪，判处有期徒刑一年六个月，缓刑二年；合并执行有期徒刑二年，缓刑二年，并处罚金10万元，没收其违法所得。某证券公司犯诱骗投资者买卖证券罪，判处罚金200万元，没收其违法所得。

附录

1.《中华人民共和国刑法》

2.《中华人民共和国公司法》

3.《中华人民共和国证券法》

4.《中华人民共和国会计法》

5.《中华人民共和国保险法》

6.《中华人民共和国证券投资基金法》

7.《中华人民共和国行政处罚法》

8.《最高人民检察院　公安部关于公安机关管辖的刑事案件立案追诉标准的规定（二）》

9.《最高人民法院　最高人民检察院关于办理内幕交易、泄露内幕信息刑事案件具体应用法律若干问题的解释》

10.《最高人民法院　最高人民检察院关于办理利用未公开信息交易刑事案件适用法律若干问题的解释》

11.《最高人民法院关于审理非法集资刑事案件具体应用法律若干问题的解释》

12.《最高人民法院　最高人民检察院关于办理操纵证券、期货市场刑事案件适用法律若干问题的解释》

13.《最高人民法院关于审理贪污、职务侵占案件如何认定共同犯罪几个问题的解释》

14.《最高人民法院　最高人民检察院关于办理贪污贿赂刑事案件适用法律若干问题的解释》

15.《最高人民法院　最高人民检察院关于常见犯罪的量刑指导意见（试行）》

16.《最高人民检察院关于公证员出具公证书有重大失实行为如何适用法律问题的批复》

17.《全国人民代表大会常务委员会法制工作委员会关于对“隐匿、销毁会计凭证、会计账簿、财务会计报告构成犯罪的主体范围”问题的答复意见》

图书在版编目(CIP)数据

证券市场常见十三种犯罪案例通解/宋有国编. —
上海:上海人民出版社,2023
ISBN 978 - 7 - 208 - 18062 - 8

Ⅰ. ①证… Ⅱ. ①宋… Ⅲ. ①证券交易-刑事犯罪-
案例-中国 Ⅳ. ①D924.335

中国版本图书馆 CIP 数据核字(2022)第 232019 号

责任编辑 夏红梅 伍安洁
封面设计 一本好书

证券市场常见十三种犯罪案例通解
宋有国 编

出 版 上海人民出版社
(201101 上海市闵行区号景路 159 弄 C 座)
发 行 上海人民出版社发行中心
印 刷 上海商务联西印刷有限公司
开 本 890×1240 1/32
印 张 6.25
插 页 4
字 数 122,000
版 次 2023 年 1 月第 1 版
印 次 2023 年 1 月第 1 次印刷
ISBN 978 - 7 - 208 - 18062 - 8/D・4052
定 价 40.00 元